Persien Kochbuch

MALIN FARAHANI

Email: info@edition-lunerion.de
www.edition-lunerion.de

Psiana eCom UG
Berumer Str. 44
26844 Jemgum

Vorwort

Edler Safran, reiche Gewürzkombinationen und klangvolle Namen wie „Khorman Maloos": Die persische Küche wirkt auf Europäer geheimnisvoll, kunstvoll und verlockend zugleich. Dabei können Sie die vielfältigen Leckereien ganz unkompliziert auch zuhause genießen – und mit diesem Kochbuch tauchen Sie ein in die Köstlichkeiten aus 1001 Nacht!

Persien als Land existiert heute nicht mehr, doch den persischen Kulturraum erleben Sie im Iran und der bietet Ihnen unvergleichliche kulinarische Erlebnisse: Intensive Aromen, komplexe Gewürzkunst, frische Zutaten und kreative Verarbeitung sorgen für einzigartigen Genuss für alle Sinne. Dank jahrhundertelanger Einflüsse von Völkern wie Parthern oder Sassaniden, jedoch auch durch Inspirationen aus Indien oder dem Mittelmeerraum, besticht die persische Küche mit herrlicher Vielfalt und so findet sich in diesem Buch reichlich Auswahl für wirklich jeden Geschmack. Ob Veggie, Fleischfan, Fischfreund oder Naschkatze, hier kommen alle auf ihre Kosten und Sie entdecken immer wieder aufs Neue Überraschendes, Nahrhaftes und Köstliches.

Guten Appetit!

INHALT

Wissenswertes

Die persische Küche ist für ihre exotischen Gewürze, die Nutzung von frischen Zutaten und ihre leckeren Gerichte bekannt. Die Speisen sind gesund und werden kunstvoll angerichtet. Es werden sehr viele Gewürze und Kräuter verwendet und es gibt zu vielen Gerichten Reis oder Brot als Beilage.

Die Vielfältigkeit der persischen Küche macht diese für eine breite Masse an Personen zugänglich. Je nach Geschmack können die Gerichte traditionell zubereitet oder die Zutaten nach individuellen Vorstellungen abgeändert werden. Probieren Sie sich aus und finden Sie Ihre Lieblingsgerichte aus der persischen Küche.

Historische Einflüsse

Hinter der persischen Küche verstecken sich historische Einflüsse, die auf den ersten Blick nicht zu erkennen sind. Persien ist heutzutage kein existierendes Land, weswegen sich die Einflüsse auf die Küche aus mehreren verschiedenen Regionen und Ländern zusammensetzen.

Über die Jahre herrschten in den Regionen verschiedene Mächte wie bspw. die Parther, Achämeniden oder die Sassaniden. Aber auch die benachbarten Regionen, wie Indien, der Mittelmeerraum oder Zentralasien, haben ihre Einflüsse auf die persische Küche.

Tischsitten

Die persischen bzw. iranischen Tischsitten sind etwas anders als in der deutschen Kultur. Lebensmittel werden als etwas sehr Wertvolles angesehen, somit ist es nicht gern gesehen, wenn Essen auf den Boden fällt.

Die Menschen sitzen meist auf dem Boden im Schneidersitz. Die Gabel liegt links vom Teller und auf der rechten Seite des Tellers liegt ein Löffel. Zum Essen wird kein Messer verwendet, somit ist das Essen meist in mundgerechte Stücke geschnitten.

Die Gastfreundschaft wird sehr großgeschrieben. Gäste sind immer gern willkommen. Das gemeinsame Essen und Kochen fördert die Gemeinschaft und führt somit zu einem angenehmen Umfeld.

Kräuter und Gewürze in der persischen Küche

Die Verwendung von Kräutern und Gewürzen spielt in der persischen Küche eine besondere Rolle. Gewürze, die häufig vorkommen, sind bspw. Safran, Kurkuma, Kreuzkümmel, Kardamom und auch Zimt. Zu den Kräutern zählen unter anderem Petersilie, Estragon, Koriander und Schnittlauch.

Safran hat von all den Gewürzen und Kräutern die bedeutendste Rolle. Das Gewürz ist teuer und wird dementsprechend nur in kleinen Mengen verwendet. Häufig wird der Safran in ein Glas gegeben und entweder mit Eiswürfeln oder mit heißem Wasser getoppt. Dieser Prozess führt dazu, dass der Safran Farbe abgibt und anfängt zu blühen. Diesen Vorgang werden Sie in einer großen Anzahl an Rezepten selbst erleben.

Sie werden merken, dass die Rezepte aus der persischen Küche sehr vielfältig sind, obwohl sich Zutaten häufig doppeln. Es gibt die verschiedensten Möglichkeiten, Gerichte miteinander zu kombinieren, worauf auch regelmäßig mit Tipps hingewiesen wird.

Frühstück

NARGESI |

SPINAT MIT SPIEGELEI

4 Port. 15 Min. Leicht

Zutaten

450 g Babyspinat
30 ml Olivenöl
5 Eier
4 Knoblauchzehen
1 rote Zwiebel
½ TL Salz
¼ TL Kurkuma
¼ TL Pfeffer

Nährwerte p. P.

182 kcal
5 g Kohlenhydrate
14 g Fett
7 g Eiweiß

1 Schneiden Sie die Zwiebel in feine Spalten. Erhitzen Sie das Olivenöl in einer großen Pfanne und braten Sie darin die Zwiebeln an.

2 Fügen Sie den Spinat und den gepressten Knoblauch hinzu. Lassen Sie den Spinat zusammensacken.

3 Sobald die ausgetretene Flüssigkeit verdampft ist, würzen Sie den Spinat mit Kurkuma, Salz und Pfeffer.

4 Machen Sie mit einem Löffel Löcher in den Spinat, sodass Sie den Pfannenboden sehen.

5 Schlagen Sie die Eier am Pfannenrand auf und geben Sie die Eier in die Löcher. Setzen Sie einen Deckel auf die Pfanne und lassen Sie die Eier ca. 3 - 6 Minuten lang braten.

Tipp: Falls der Spinat nicht ganz in die Pfanne passt, können Sie ihn nach und nach hinzufügen.

Mögen Sie Ihr Eigelb eher flüssig, sollten Sie die Eier 3 - 4 Minuten braten lassen. Wenn Sie wollen, dass das Eigelb hart ist, sollten Sie es mindestens 6 Minuten lang braten.

KAKA KADU |

KÜRBISPANCAKES

8 Port.

1 Std.

Leicht

Zutaten

200 g Kürbispüree
150 g Reismehl
100 g Rohrzucker
100 ml Reismilch
10 Walnüsse
4 Stücke Kardamom
2 Eier
2 TL Backpulver
1 TL Rosenwasser
Etwas Kokosöl
1 Prise Salz

Toppings:
Walnüsse, (Dattel-)Sirup, Granatapfelkerne

Nährwerte p. P.

206 kcal
31 g Kohlenhydrate
8 g Fett
3 g Eiweiß

1 Knacken Sie den Kardamom mit einem Messer auf und entnehmen Sie die Samen. Mahlen Sie die Samen und hacken Sie die Walnüsse.

2 Vermischen Sie den Zucker, das Rosenwasser, die Eier und die Reismilch in einer großen Schüssel miteinander.

3 Fügen Sie den gemahlenen Kardamom, das Backpulver, Reismehl und eine Prise Salz hinzu. Verrühren Sie alles zu einem glatten Teig.

4 Rühren Sie zum Schluss die gehackten Walnüsse und das Kürbispüree unter. Lassen Sie den Teig 30 Minuten lang ruhen.

5 Erhitzen Sie das Kokosöl in einer Pfanne. Portionieren Sie den Teig mit einer Kelle und lassen Sie die Pancakes ausbacken.

6 Servieren Sie die Kürbispancakes nach Belieben mit den vorgeschlagenen oder anderen Toppings.

Tipp: Sie können die Größe der Pancakes nach Ihrem Belieben anpassen. Sie können 4 größere Pancakes oder 8 oder mehr kleine Pancakes machen.

MORGHAN-E ANAR |

GRANATAPFEL-OMELETT

4 Port. 20 Min. Leicht

Zutaten

300 g Granatapfelkerne
4 Eier
2 rote Zwiebeln
2 Knoblauchzehen
4 EL Butter
Etwas Salz

Nährwerte p. P.

217 kcal
16 g Kohlenhydrate
14 g Fett
6 g Eiweiß

1 Erhitzen Sie die Butter in einer großen Pfanne.

2 Hacken Sie die Zwiebel und den Knoblauch klein. Geben Sie das Gemüse hinein und lassen Sie es braten, bis die Zwiebeln goldbraun geworden sind.

3 Fügen Sie die Granatapfelkerne hinzu. Lassen Sie es ca. 6 Minuten lang braten. Es sollte etwas Saft aus den Granatapfelkernen austreten.

4 Schlagen Sie die Eier am Pfannenrand auf und geben Sie diese ebenfalls in die Pfanne. Verrühren Sie entweder alles miteinander oder lassen Sie die Eier wie Spiegeleier anbraten.

5 Würzen Sie nach mit Belieben mit etwas Salz.

MORABAH BEH |

QUITTEN-MARMELADE

1 Glas á 350 ml. | 4 Std. 15 Min. | Mittel

Zutaten

900 g Quitten
700 g Kristallzucker
350 ml Wasser

Nährwerte p. P.

1.053 kcal
252 g Kohlenhydrate
1 g Fett
1 g Eiweiß

1 Waschen und entkernen Sie die Quitten. Schneiden Sie die Quitten in relativ dünne Spalten.

2 Erhitzen Sie das Wasser bei mittlerer Temperatur. Lösen Sie den Kristallzucker im erwärmten Wasser auf, bis die Konsistenz wie Sirup wird.

3 Geben Sie vorsichtig die Quitten in den Topf. Lassen Sie die Quitten so lange kochen, bis diese weich sind. Dies dauert ca. 1 Stunde. Rühren Sie die Marmelade währenddessen ab und zu um.

Tipp: Achten Sie darauf, dass die Quitten komplett mit der Flüssigkeit bedeckt sind.

4 Stellen Sie den Herd auf eine niedrige Temperatur. Geben Sie eine Damkoni oder ein dickes Handtuch über den Topf.

Damkoni: Eine Damkoni ist ein Polster oder ein Handtuch, welches über den Topf gestülpt wird. Darin wird der überschüssige Dampf gespeichert. Ersatzweise können Sie ein dickes Handtuch oder mehrere Lagen Küchenrolle verwenden.

5 Lassen Sie die bedeckte Marmelade weitere 2 - 3 Stunden köcheln und rühren Sie währenddessen immer wieder um.

6 Die Farbe der Quitten sollte sich, durch die Nutzung des Damkonis, in ein leuchtendes Rot verändert haben. Füllen Sie die Marmelade wie gewohnt um, verschließen Sie die Gläser und lassen Sie diese mit dem Deckel nach unten abkühlen.

Tipp: Falls Sie keinen *Damkoni* verwendet haben, kann es sein, dass die Quitten die Farbe nicht verändert haben. Die farbliche Veränderung ändert jedoch nicht den Geschmack, weswegen es lediglich ein ästhetischer Pluspunkt wäre.

GOJE FARANGI |

TOMATEN-RÜHREI

2 Port. 20 Min. Leicht

Zutaten

4 Eier
4 große Tomaten
4 TL Tomatenmark
2 TL Kreuzkümmel
Etwas Olivenöl/Butter
Salz, Pfeffer

Nährwerte p. P.

112 kcal
4 g Kohlenhydrate
8 g Fett
5 g Eiweiß

1 Schneiden Sie die Tomaten in feine Würfel.

2 Erhitzen Sie etwas Olivenöl/Butter in einer großen Pfanne. Geben Sie das Tomatenmark hinzu und lassen Sie dieses anschwitzen.

3 Fügen Sie die Tomaten hinzu. Lassen Sie die Tomaten ca. 10 Minuten lang einkochen, sodass die Flüssigkeit aus der Tomate austritt.

4 Schlagen Sie die Eier am Pfannenrand auf und rühren Sie diese unter die Tomaten. Lassen Sie die Eier fest werden.

5 Würzen Sie mit Kreuzkümmel und etwas Salz und Pfeffer.

HALIM |

FLEISCHBREI

4 Port.

6 Std.

Mittel

Zutaten

1,5 l Wasser
300 g Schafsnacken/Schafsrippen
200 g Weizen (geschält)
100 g Perlgerste
1 Zwiebel
1 EL Salz
½ TL Kurkuma
Schwarzer Pfeffer, Zimt, Zucker, Butter

Nährwerte p. P.

416 kcal
47 g Kohlenhydrate
14 g Fett
21 g Eiweiß

1 Schälen und halbieren Sie die Zwiebel. Schneiden Sie das Fleisch ggf. etwas kleiner, sodass es besser in den Topf passt.

2 Erhitzen Sie etwas Butter in einem Topf. Braten Sie darin die Zwiebel und das Fleisch bei mittlerer Hitze für 10 Minuten an.

3 Geben Sie 1 l Wasser, den geschälten Weizen und das Salz in einen Topf. Lassen Sie es ca. 2 Stunden bei mittlerer bis niedriger Hitzezufuhr köcheln.

4 Würzen Sie das Fleisch mit dem Kurkumapulver und rühren Sie erneut um.

5 Fügen Sie 500 ml kochendes Wasser hinzu. Lassen Sie es 3 Stunden bei niedriger Hitze kochen.

6 Fügen Sie die Gerste zum Weizen hinzu und lassen Sie es erneut 1 Stunde köcheln.

7 Nach der Garzeit sollte das Fleisch zart genug sein, sodass Sie den Knochen und andere unerwünschte Bestandteile entfernen können.

8 Geben Sie das Fleisch mit etwas Brühe in eine Schüssel. Zerkleinern Sie das Fleisch mit einem Stampfer, sodass eine Paste entsteht. Heben Sie die restliche Brühe auf.

9 Pürieren Sie die Weizen-Gersten-Masse grob mit einem Pürierstab oder einem Mixer. Es sollte eine cremige Paste entstehen.

10 Vermischen Sie die Fleischpaste, Brühe und die Weizen-Mischung miteinander. Lassen Sie es 1 Stunde lang köcheln. Rühren Sie währenddessen immer wieder um.

11 Würzen und garnieren Sie das Gericht nach Belieben mit schwarzem Pfeffer, Zimt oder Zucker.

VARAGH-E BADEMJAN |

AUBERGINEN-OMELETT

 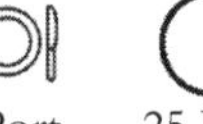 

4 Port. 25 Min. Leicht

Zutaten

4 Eier
2 Auberginen
Etwas Olivenöl & Butter
Salz, Pfeffer

Nährwerte p. P.

140 kcal
3 g Kohlenhydrate
10 g Fett
7 g Eiweiß

1 Waschen Sie die Auberginen und schneiden Sie diese in ca. 1 cm dicke Scheiben.

2 Belegen Sie ein Backblech mit Backpapier. Bestreichen Sie die Auberginenscheiben mit etwas Olivenöl und verteilen Sie die Scheiben auf dem Backblech.

3 Heizen Sie den Backofen auf 220 °C Ober-/Unterhitze vor. Geben Sie die Aubergine für ca. 15 Minuten in den Ofen.

4 Erhitzen Sie etwas Butter in einer großen Pfanne. Braten Sie die Aubergine darin ca. 1 Minute lang an.

5 Verquirlen Sie die Eier in einer Schüssel und würzen Sie das Ei mit etwas Salz und Pfeffer.

6 Fügen Sie ggf. etwas mehr Butter in die Pfanne hinzu. Schütten Sie das Ei über die Aubergine. Lassen Sie das Ei erst fest werden, bevor Sie das Omelett wenden.

7 Würzen Sie vor dem Servieren ggf. noch einmal mit Salz und Pfeffer.

KHORMAN MALOOS |

DATTEL-SPIEGELEIER

4 Port.

10 Min.

Leicht

Zutaten

6 Datteln (entsteint)
4 Eier
1 EL Walnüsse (gehackt)
1 EL Butter/Öl
Salz, Zimt

Nährwerte p. P.

172 kcal
11 g Kohlenhydrate
11 g Fett
7 g Eiweiß

1 Erhitzen Sie Butter oder Öl in einer großen Pfanne.

2 Schneiden Sie die Datteln in Streifen und geben Sie diese in die Pfanne. Braten Sie die Datteln ca. 3 Minuten lang, unter ständigem Rühren, an.

3 Schlagen Sie die Eier am Pfannenrand auf und geben Sie diese in die Lücken zwischen den Datteln. Versuchen Sie, das Eigelb intakt zu halten. Lassen Sie das Ei so lange braten, bis das Eiweiß fest ist.

4 Würzen Sie mit etwas Salz und streuen Sie die Walnüsse darüber. Fügen Sie ggf. noch eine Prise Zimt hinzu.

PANIR BERESHTEH |

FETA-OMELETT

4 Port. 20 Min. Leicht

Zutaten

200 g Feta
60 g Butter
4 Eier
2 Knoblauchzehen
2 EL Dill (getrocknet)
1 TL Kurkuma
Salz, Pfeffer

Nährwerte p. P.

340 kcal
5 g Kohlenhydrate
29 g Fett
15 g Eiweiß

1 Lassen Sie die Butter in einer großen Pfanne schmelzen.

2 Zerbröseln Sie den Feta und fügen Sie diesen in die Pfanne hinzu. Lassen Sie den Feta schmelzen. Geben Sie das Kurkumapulver und die gepressten Knoblauchzehen hinzu.

3 Verquirlen Sie die Eier in einer Schüssel. Würzen Sie mit etwas Salz und Pfeffer.

4 Reduzieren Sie die Temperatur des Herdes. Fügen Sie erst den Dill und anschließend die Eier hinzu. Rühren Sie die Masse so lange, bis die Konsistenz fester wird.

5 Lassen Sie das Omelett ca. 6 Minuten lang braten. Wenden Sie es vor dem Servieren und würzen Sie ggf. erneut mit Salz und Pfeffer.

Salate

SALAD-E SHIRAZI |

GURKEN-TOMATEN-SALAT

 4 Port.

 15 Min.

 Leicht

Zutaten

6 persische Gurken (oder 2 deutsche Gurken)
6 Roma-Tomaten
3 persische Limetten (oder 1 Zitrone)
1 rote Zwiebel
3 EL Olivenöl
2 EL Minze (getrocknet)
Salz, Pfeffer

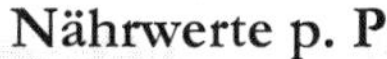

Nährwerte p. P.

146 kcal
6 g Kohlenhydrate
12 g Fett
3 g Eiweiß

1 Entfernen Sie die Schale der roten Zwiebel und hacken Sie diese fein. Schneiden Sie die Enden der Gurken ab. Halbieren Sie die Gurke und hacken Sie diese ebenfalls klein.

2 Entkernen Sie die Tomaten und hacken Sie diese klein. Pressen Sie den Saft der Limetten/Zitrone aus. Vermischen Sie den Limetten-/Zitronensaft mit etwas Salz, Pfeffer und der getrockneten Minze.

3 Vermischen Sie das gehackte Gemüse miteinander und geben Sie das angerührte Dressing darüber.

4 Mischen Sie das Olivenöl kurz vor dem Servieren unter und schmecken Sie den Salat mit Salz und Pfeffer ab.

SALAD OLIVIEH |

KARTOFFELSALAT

4 Port.

1,5 Std.

Mittel

Zutaten

250 g Erbsen und Möhren (gefroren)
8 kleine Dillgurken
5 große Kartoffeln
4 Eier
3 EL Naturjoghurt
2 EL Senf
1 ½ EL Zitronensaft
1 EL Olivenöl
Salz, Pfeffer

Nährwerte p. P.

262 kcal
25 g Kohlenhydrate
11 g Fett,
12 g Eiweiß

1 Bringen Sie Wasser in einem Topf zum Kochen. Fügen Sie die Kartoffeln hinzu und lassen Sie diese ca. 15 Minuten lang kochen.

2 Erhitzen Sie in einem kleineren Topf ebenfalls Wasser. Fügen Sie die Eier hinzu, sobald das Wasser kocht. Lassen Sie die Eier ca. 3 - 5 Minuten kochen.

3 Nehmen Sie die Kartoffeln und die Eier heraus und lassen Sie beides vollständig abkühlen.

4 Nehmen Sie die Erbsen und Möhren aus dem Kühlfach und lassen Sie diese auftauen. Rühren Sie den Zitronensaft unter die Erbsen und Möhren.

5 Schneiden Sie die abgekühlten Kartoffeln und Eier in mundgerechte Stücke und würfeln Sie die Dillgurken.

6 Vermengen Sie die Eier, Gurken, Kartoffeln und die Erbsen und Möhren in einer großen Schüssel miteinander.

7 Rühren Sie in einer separaten Schüssel das Dressing an. Vermengen Sie den Senf mit dem Olivenöl und dem Naturjoghurt.

8 Fügen Sie das Dressing hinzu und rühren Sie dieses gründlich unter. Schmecken Sie den Salat mit Salz und Pfeffer ab.

Hinweis: Die Kartoffeln sollen weich, aber nicht bröcklig sein. Je nach Größe der Kartoffeln kann die Garzeit variieren.

BORANI-E LABU |

ROTE-BETE-SALAT

4 Port.

30 Min.

Mittel

Zutaten

250 g Joghurt (Labneh/griechischer Joghurt)
4 Rote Bete (gekocht)
1 Orange
4 EL Pistazien
3 EL Olivenöl
1 EL Honig
Etwas frische Minze
Salz, schwarzer Pfeffer

Nährwerte p. P.

282 kcal
20 g Kohlenhydrate
18 g Fett
7 g Eiweiß

1 Schälen und würfeln Sie die Rote Bete. Vermengen Sie die Rote Bete mit dem Olivenöl in einer großen Schüssel. Würzen Sie nach Belieben mit etwas Salz und Pfeffer.

2 Schälen Sie die Orange, halbieren Sie diese und schneiden Sie sie in Spalten. Schütten Sie den ausgetretenen Saft zu der Roten Bete und pressen Sie die Schale ebenfalls über der Schüssel aus. Stellen Sie die Orangenstücke beiseite.

3 Vermengen Sie den Joghurt und Honig in einer separaten Schüssel. Würzen Sie mit etwas Salz und Pfeffer.

4 Verteilen Sie die Joghurt-Honig-Mischung gleichmäßig auf einer Platte mit hohem Rand. Geben Sie die Rote-Bete-Mischung vorsichtig obendrauf.

5 Garnieren Sie den Salat mit gehackten Pistazien, frischer Minze und den Orangenspalten. Geben Sie zum Schluss einen Schuss Olivenöl und etwas Salz auf den Salat.

SALAD-E FASL |

SALAT DER SAISON

4 Port.

50 Min.

Leicht

Zutaten

3 Möhren
1 Orange
1 Zitrone
½ Rotkohl
½ Weißkohl
4 EL Mayonnaise/Joghurt
3 EL Olivenöl
Salz, Pfeffer

Nährwerte p. P.

292 kcal
16 g Kohlenhydrate
21 g Fett
4 g Eiweiß

1 Schneiden Sie den Weiß- und Rotkohl in sehr feine Streifen. Reiben Sie die Möhren mit einer Reibe klein.

2 Pressen Sie die Orange und Zitrone aus. Vermischen Sie den Orangen- und Zitronensaft mit dem Olivenöl, Mayonnaise/Joghurt und etwas Salz und Pfeffer.

3 Geben Sie das Gemüse in eine große Schüssel und fügen Sie das Dressing hinzu. Lassen Sie den Salat vor dem Servieren mindestens 30 Minuten ziehen. Schmecken Sie noch einmal mit Salz und Pfeffer ab.

WEISSKOHL-SALAT

4 Port.

2,5 Std.

Mittel

Zutaten

400 g Weißkohl
150 g Möhren
150 g Kartoffeln
4 Eier
4 EL Mayonnaise
1 EL Reisessig
4 TL Dijon-Senf
Salz, schwarzer Pfeffer

Nährwerte p. P.

228 kcal
13 g Kohlenhydrate
15 g Fett
7 g Eiweiß

1 Erhitzen Sie leicht gesalzenes Wasser in einem großen Topf. Halbieren Sie den Weißkohl und geben Sie diesen in den Topf mit kochendem Wasser. Lassen Sie den Kohl ungefähr 6 - 10 Minuten lang köcheln.

2 Nehmen Sie den Kohl aus dem Wasser und geben Sie diesen in kaltes Wasser. Schneiden Sie den Kohl in quadratische Stücke und lassen Sie ihn in einem Sieb abtropfen.

3 Geben Sie die Kartoffeln, Möhren und die Eier in einen Topf und bedecken Sie die Zutaten mit Wasser. Bringen Sie das Wasser zum Kochen.

4 Nehmen Sie nach ca. 8 Minuten die Eier heraus und tauchen Sie diese in kaltes Wasser ein. Wenn die Möhren zwar gar, aber noch bissfest sind, können Sie diese ebenfalls herausnehmen und in kaltes Wasser tunken.

5 Nehmen Sie als Letztes die Kartoffeln heraus. Schneiden Sie diese in heißem Zustand in Würfel und geben Sie diese in eine große Schüssel.

6 Fügen Sie Reisessig, Salz und etwas schwarzen Pfeffer zu den Kartoffeln hinzu. Rühren Sie alles gut um und stellen Sie die Kartoffeln anschließend zum Abkühlen in den Kühlschrank.

7 Entfernen Sie die Schale der Möhren. Halbieren Sie die Möhren der Länge nach und schneiden Sie diese anschließend in feine Würfel. Schneiden Sie die Eier ebenfalls klein.

8 Nehmen Sie die Kartoffeln aus dem Kühlschrank. Mischen Sie die Eier, den Weißkohl, die Möhren, Mayonnaise und den Dijon-Senf unter die Kartoffeln. Schmecken Sie den Salat mit Salz und Pfeffer ab.

Tipp: Lassen Sie den Salat vor dem Servieren mindestens 30 Minuten lang ziehen.

Suppen

ASH RESHTEH |

BOHNEN-NUDEL-SUPPE

6 Port.

3 Std.

Schwer

Zutaten

1,4 l Brühe
480 g Spinat
Je 360 g Koriander und Petersilie
240 g Lauch
240 g Kashk/Crème fraîche/Sauerrahm
Je 120 g Kichererbsen, Kidneybohnen und weiße Bohnen (Dose)
120 g grüne Linsen
120 g Dill
90 g Reshteh-/Linguini-Nudeln
5 Knoblauchzehen
2 Zwiebeln
6 EL Olivenöl
2 EL Minze (getrocknet)
2 EL Bockshornkleeblätter
2 EL Zitronensaft
1 EL Mehl
1 ½ TL Salz
1 TL Kurkuma
½ TL schwarzer Pfeffer

Nährwerte p. P.

614 kcal
48 g Kohlenhydrate
32 g Fett
20 g Eiweiß

1 Schneiden Sie die Zwiebeln in feine Würfel. Erhitzen Sie etwas Olivenöl in einem großen Topf und braten Sie die Zwiebeln darin bei mittlerer Temperatur an, bis diese goldbraun geworden sind.

2 Pressen Sie die Knoblauchzehen hinein und dünsten Sie diese ebenfalls an. Schalten Sie den Herd aus. Rühren Sie das Kurkumapulver unter.

3 Stellen Sie die Hälfte der Zwiebel-Mischung beiseite und rühren Sie unter den anderen Teil die getrocknete Minze.

4 Fügen Sie die Bohnen (Kidneybohnen und weiße Bohnen), Kichererbsen und die Brühe hinzu. Würzen Sie mit etwas Salz und Pfeffer. Bringen Sie die Suppe zum Kochen.

5 Reduzieren Sie die Hitze und lassen Sie die Suppe ca. 45 Minuten bis 1 Stunde lang köcheln. Die Bohnen sollten sehr weich sein.

6 Fügen Sie die grünen Linsen hinzu und lassen Sie die Suppe weitere 15 Minuten köcheln.

7 Rühren Sie die gehackten Kräuter (Koriander, Petersilie, Bockshornkleeblatt, Dill) sowie den gehackten Spinat und Lauch unter. Rühren Sie die Suppe gründlich um und lassen Sie sie weitere 40 Minuten köcheln.

8 Entnehmen Sie einige Esslöffel Brühe aus dem Topf und verrühren Sie diese mit dem Mehl. Achten Sie hierbei darauf, dass das Verhältnis zwischen Mehl und Brühe stimmt, sodass keine Klumpen entstehen. Rühren Sie die Mischung anschließend wieder unter die Suppe.

9 Geben Sie die Reshteh- oder Linguini-Nudeln hinzu. Lassen Sie diese ca. 10 bis 15 Minuten in der Suppe köcheln. Die Nudeln sollten al dente sein.

10 Rühren Sie Kashk/Sauerrahm/Crème fraîche und die Zwiebel-Mischung vom Anfang unter die Suppe.

11 Schmecken Sie die Suppe mit Zitronensaft, Salz und Pfeffer ab.

Tipp: Passen Sie auf, dass das Kurkumapulver nicht anbrennt. Ziehen Sie den Topf ggf. von der Herdplatte.

Falls zu viel Brühe verdampft ist, können Sie nach Bedarf etwas neue Brühe hinzugeben. Achten Sie aber darauf, dass die Brühe nicht zu dünnflüssig wird.

ASH ANAR |
GRANATAPFELSUPPE

 4 Port.  3 Std.  Mittel

Zutaten

1,2 l Granatapfelsaft
960 ml Wasser
720 g gehackte Kräuter (Schnittlauch, Minze, Koriander, Petersilie)
120 g Reis
80 g gelbe Erbsen
60 ml Granatapfelmelasse
2 Knoblauchzehen
1 Zwiebel
3 EL Olivenöl
1 EL Kurkuma
1 EL gemahlener persischer Bärenklau
Salz, schwarzer Pfeffer

Nährwerte p. P.

373 kcal
44 g Kohlenhydrate
18 g Fett
8 g Eiweiß

1 Waschen Sie den Reis und die gelben Erbsen unter fließendem Wasser gründlich ab.

2 Geben Sie die Erbsen und den Reis in zwei Schüsseln. Bedecken Sie beides mit lauwarmem Wasser und lassen Sie die Erbsen und den Reis ca. 1 Stunde lang ziehen.

3 Erhitzen Sie 960 ml Wasser in einem mittelgroßen Topf. Fügen Sie die Erbsen hinzu und lassen Sie diese 20 Minuten lang kochen.

4 Schneiden Sie die Zwiebeln in feine Würfel und hacken Sie den Knoblauch. Erhitzen Sie etwas Olivenöl in einem großen Topf. Braten Sie die Zwiebeln und den Knoblauch darin einige Minuten an.

5 Fügen Sie das Kurkumapulver hinzu und lassen Sie das Ganze weitere 3 Minuten braten.

6 Geben Sie die gehackten Kräuter hinzu. Lassen Sie es 10 Minuten lang unter Rühren braten. Die Farbe der Kräuter sollte dunkler werden.

7 Schütten Sie die gelben Erbsen und den Reis in den Topf. Vermengen Sie alle Zutaten miteinander. Füllen Sie den Topf mit dem Granatapfelsaft auf. Bringen Sie die Suppe zum Kochen. Lassen Sie die Suppe ca. 15 Minuten köcheln.

8 Rühren Sie die Granatapfelmelasse, den Bärenklau sowie Salz und schwarzen Pfeffer unter.

9 Geben Sie den Deckel auf den Topf und reduzieren Sie die Hitze. Lassen Sie die Suppe 1 Stunde lang köcheln. Rühren Sie ab und zu um.Schmecken Sie die Suppe vor dem Servieren mit Salz und schwarzem Pfeffer ab.

ADASI |

LINSENSUPPE

4 Port.

2 Std. 15 Min.

Mittel

Zutaten

960 ml Wasser
200 g grüne Linsen
125 g Kartoffeln
2 Knoblauchzehen
1 Zwiebel
1 ½ EL Butter
1 EL Mehl
1 EL Olivenöl
1 TL Salz
½ TL schwarzer Pfeffer
½ TL Kurkuma

Nährwerte p. P.

266 kcal
31 g Kohlenhydrate
7 g Fett
16 g Eiweiß

1 Schmelzen Sie 1 EL Butter in einem mittelgroßen Topf. Fügen Sie das Olivenöl hinzu und braten Sie darin die gehackten Zwiebeln und den gepressten Knoblauch an.

2 Geben Sie nach 2 Minuten das Kurkumapulver hinzu. Rühren Sie so lange, bis die Zwiebeln mit dem Kurkumapulver bedeckt sind.

3 Löschen Sie die Zwiebeln mit dem Wasser ab und bringen Sie es zum Kochen.

4 Fügen Sie die Linsen, Salz und etwas schwarzen Pfeffer hinzu. Geben Sie den Deckel auf den Topf und lassen Sie die Linsen ca. 45 Minuten lang bei niedriger Hitze kochen. Rühren Sie ab und zu um.

5 Vermengen Sie in einem kleinen Topf ½ EL Butter mit dem Mehl. Lassen Sie es unter ständigem Rühren braten, bis sich beides miteinander verbunden hat. Fügen Sie die Mehl-Butter-Mischung zu den Linsen hinzu.

6 Schälen Sie die Kartoffeln und schneiden Sie diese in feine Würfel.

7 Mischen Sie die Kartoffeln unter die Linsen. Lassen Sie die Suppe weitere 20 Minuten mit geschlossenem Deckel köcheln.

8 Testen Sie die Kartoffeln. Falls die Kartoffeln noch nicht gar sind, sollten Sie die Garzeit erhöhen.

9 Schmecken Sie die Suppe mit Salz und Pfeffer ab.

ASH-E JOW |

GRAUPENSUPPE

6 Port.

2 Std. 20 Min.

Mittel

Zutaten

2 l Hühnerbrühe
240 g Möhren
200 g Graupen
120 g Sauerrahm
120 g gehackte Petersilie
60 g Tomatenmark
1 Zwiebel
1 Limette
2 EL Olivenöl
1 TL Kurkuma
Salz, schwarzer Pfeffer

Nährwerte p. P.

225 kcal
30 g Kohlenhydrate
8 g Fett
5 g Eiweiß

1 Bringen Sie die Hühnerbrühe zum Kochen.

2 Schneiden Sie die Zwiebeln in feine Würfel. Erhitzen Sie etwas Olivenöl in einem großen Topf und braten Sie darin die Zwiebeln glasig. Fügen Sie die Graupen hinzu und lassen Sie diese ebenfalls kurz andünsten.

3 Rühren Sie die Hühnerbrühe, den Saft der Limette, Kurkuma, das Tomatenmark und nach Geschmack etwas Salz und schwarzen Pfeffer unter. Bringen Sie die Mischung zum Kochen und lassen Sie sie ca. 1 Stunde bei niedriger Hitze köcheln.

4 Schälen Sie die Möhre und schneiden Sie diese in feine Würfel. Fügen Sie die Möhren zu der Suppe hinzu und lassen Sie die Suppe weitere 30 Minuten köcheln.

5 Füllen Sie den Sauerrahm in eine Schüssel. Rühren Sie 120 ml der Suppe unter den Sauerrahm.

6 Rühren Sie nach und nach die Sauerrahm-Mischung unter die Suppe.

7 Mischen Sie die gehackte Petersilie unter und schmecken Sie die Suppe mit Salz und Pfeffer ab.

ASH-E SAK |

SPINATSUPPE

4 Port.

1 Std.
15 Min.

Mittel

Zutaten

1,5 l Gemüsebrühe
600 g Spinat
175 g gelbe Erbsen
3 Knoblauchzehen
3 Zwiebeln
2 EL Minze (gehackt)
2 EL Olivenöl
2 EL Zitronensaft
1 EL Maisstärke
½ TL Kurkuma
½ TL Salz
½ TL schwarzer Pfeffer

Nährwerte p. P.

238 kcal
19 g Kohlenhydrate
13 g Fett
9 g Eiweiß

1 Legen Sie die Erbsen morgens in Wasser ein, sodass diese am Abend für die Zubereitung aufgeweicht sind.

2 Schneiden Sie die Zwiebeln in feine Scheiben. Erhitzen Sie etwas Olivenöl in einem großen Topf und braten Sie darin die Zwiebeln an. Stellen Sie den Herd auf eine niedrige Hitzezufuhr und lassen Sie die Zwiebeln ca. 20 Minuten anschwitzen, bis diese leicht bräunlich werden.

3 Geben Sie die Brühe in einen großen Topf und lassen Sie diese aufkochen. Rühren Sie die Erbsen unter und lassen Sie diese bei niedriger Hitze und mit aufgesetztem Deckel garen.

4 Schneiden Sie währenddessen den Spinat und Knoblauch klein. Fügen Sie den Spinat, Kurkuma und den schwarzen Pfeffer zu den Erbsen hinzu. Lassen Sie die Suppe weiterkochen. Fügen Sie, wenn nötig, etwas mehr Flüssigkeit hinzu.

5 Geben Sie den Knoblauch und die gehackte Minze zu den Zwiebeln. Lassen Sie die Zutaten karamellisieren und rühren Sie die Zwiebel-Mischung anschließend unter die Suppe.

6 Verrühren Sie die Maisstärke mit etwas Wasser und dem Zitronensaft. Achten Sie darauf, dass keine Klümpchen entstehen. Geben Sie die Stärke unter Rühren zu der Suppe. Lassen Sie die Suppe 2 Minuten lang aufkochen.

7 Schmecken Sie die Suppe mit Salz und Pfeffer ab.

ASH-E DOOGH | JOGHURT-SUPPE

8 Port.

1 Std.

Schwer

Zutaten

3 l Doogh (Joghurtgetränk → Ersatzweise: Naturjoghurt mit etwas Wasser)
425 g Kichererbsen
425 g weiße Bohnen
250 g Hackfleisch
120 g Basmatireis
2 Knoblauchzehen
1 Ei
Je 1 Bund Koriander, Petersilie und Frühlingszwiebeln
½ Zwiebel (püriert)
½ EL Salz
½ TL schwarzer Pfeffer

Nährwerte p. P.

487 kcal
49 g Kohlenhydrate
17 g Fett
31 g Eiweiß

1 Geben Sie den Koriander, die Petersilie und die Frühlingszwiebeln in eine Küchenmaschine, um die Kräuter zu zerkleinern. Stellen Sie die Kräuter beiseite.

2 Vermengen Sie das Hackfleisch mit den Zwiebeln, Salz und schwarzem Pfeffer. Stellen Sie dies ebenfalls beiseite.

3 Verquirlen Sie das Ei und vermengen Sie dieses mit dem ungekochten Reis in einer Schüssel. Ebenfalls beiseitestellen.

4 Geben Sie Doogh in einen großen Topf und mischen Sie die Reis-Ei-Mischung unter. Stellen Sie den Herd auf eine hohe Temperatur und lassen Sie es aufkochen. Rühren Sie währenddessen ab und zu um. Stellen Sie die Hitze auf eine mittlere Temperatur, sobald Doogh anfängt zu kochen. Rühren Sie die Kräuter unter.

5 Formen Sie das Hackfleisch zu kleinen runden Bällchen und geben Sie diese nach und nach in die Suppe.

6 Spülen Sie die weißen Bohnen und Kichererbsen unter fließendem Wasser ab. Rühren Sie diese vorsichtig unter die Suppe.

7 Lassen Sie die Suppe einige Minuten lang köcheln. Testen Sie die Konsistenz der einzelnen Zutaten, um herauszufinden, wann sie nach Ihrem Geschmack servierfertig ist.

8 Rühren Sie zum Schluss den gehackten Knoblauch unter. Schmecken Sie die Suppe mit Salz und Pfeffer ab.

MORGH ZAFERANI |

HÜHNERSUPPE MIT SAFRAN

 4 Port.

 4 Std.

 Mittel

Zutaten

800 ml Wasser
160 g Möhren
160 g Kartoffeln
30 g Fadennudeln/dünne Spaghetti
5 Hähnchenkeulen (ohne Haut)
1 Zwiebel
2 EL gehackte Petersilie
1 TL Salz
½ TL schwarzer Pfeffer
¼ TL gemahlener Safran

Nährwerte p. P.

458 kcal
16 g Kohlenhydrate
21 g Fett
22 g Eiweiß

1 Geben Sie die Hähnchenkeulen, das Wasser und die grob klein geschnittene Zwiebel in einen Topf. Würzen Sie mit Salz und Pfeffer und bringen Sie es zum Kochen. Schöpfen Sie den entstehenden Schaum von der Oberfläche ab.

2 Reduzieren Sie die Hitzezufuhr, geben Sie einen Deckel auf den Topf und lassen Sie die Brühe ca. 2 - 3 Stunden köcheln. Überprüfen Sie ab und zu, ob noch genügend Flüssigkeit im Topf ist.

3 Sobald sich das Fleisch vom Knochen lösen lässt, seihen Sie die Brühe durch ein Sieb ab. Fangen Sie die Brühe mit einer Schüssel auf.

4 Hinweis: Bewahren Sie das Hühnerfleisch für ein anderes Gericht auf. Für die Suppe wird lediglich die hergestellte Hühnerbrühe benötigt.

5 Geben Sie die Brühe in einen sauberen Topf und fügen Sie den gemahlenen Safran sowie die fein gewürfelten Kartoffeln und Möhren hinzu. Bringen Sie die Brühe zum Kochen.

6 Reduzieren Sie die Hitzezufuhr und lassen Sie das Gemüse bei niedriger Temperatur für ca. 15 Minuten abgedeckt köcheln.

7 Fügen Sie die Nudeln hinzu und lassen Sie diese weitere 5 - 8 Minuten abgedeckt köcheln.

8 Nehmen Sie den Topf vom Herd. Rühren Sie die gehackte Petersilie unter und schmecken Sie die Suppe mit Salz und Pfeffer ab.

AB DOOGH KHIAR |

KALTE JOGHURT-GURKEN-SUPPE

4 Port. 2,5 Std. Leicht

Zutaten

650 g Joghurt (3,5 % Fett)
400 ml Wasser
120 g Frühlingszwiebeln
50 g Korinthen
40 g Walnüsse
20 g Minze
1 Gurke
Salz, Pfeffer

Nährwerte p. P.

223 kcal
16 g Kohlenhydrate
9 g Fett
10 g Eiweiß

1 Schneiden Sie die ungeschälte Gurke in Würfel, hacken Sie die Minze und schneiden Sie die Frühlingszwiebeln in feine Ringe.

2 Vermengen Sie die Gurke, Minze und Frühlingszwiebeln in einer Schüssel mit dem Joghurt und Korinthen. Rühren Sie so viel Wasser unter, dass die Konsistenz einer cremigen Suppe ähnelt.

3 Schmecken Sie die Suppe mit Salz und Pfeffer ab und lassen Sie die Suppe anschließend 2 Stunden im Kühlschrank ruhen.

4 Hacken Sie die Walnüsse und lassen Sie diese in einer kleinen Pfanne ohne Zugabe von Öl anrösten.

5 Nehmen Sie die Suppe erst kurz vor dem Servieren heraus. Garnieren Sie die Suppe mit den Walnüssen.

Brot

BARBARI |

FLADENBROT

8 Port.

1 Tag

Schwer

Zutaten

720 ml Wasser
480 g Weizenmehl
240 g Brotmehl
120 g Weizenkleie
80 ml kaltes Wasser
4 TL Salz
2 ¼ TL Trockenhefe
2 TL Mehl
1 TL Sesam
1 TL Zwiebelsamen
½ TL Olivenöl
½ TL Backpulver
½ TL Zucker

Nährwerte p. P.

348 kcal
56 g Kohlenhydrate
3 g Fett
11 g Eiweiß

1 Vermischen Sie in einer großen Schüssel 240 ml Wasser mit ¼ TL Trockenhefe.

2 Rühren Sie 120 g Weizenmehl unter. Verrühren Sie es, bis ein Teig entsteht. Decken Sie die Schüssel mit Plastikfolie ab und lassen Sie es 16 - 24 Stunden bei Zimmertemperatur ruhen.

3 Hinweis: Dieser Prozess heißt "Poolish". Hierbei fermentiert der Teig bis zu einem Tag lang und wird anschließend mit den übrigen Zutaten vermengt.

4 Geben Sie den fermentierten Teig in eine andere Schüssel. Fügen Sie 480 ml Wasser, 2 TL Hefe, 240 g Brotmehl, 240 g Weizenmehl und 4 TL Salz hinzu. Rühren Sie den Teig mit einem Mixer mit Knethaken um.

5 Fügen Sie die restlichen 120 g Weizenmehl hinzu und verrühren Sie den Teig 10 Minuten lang mit den Knethaken.

6 Bemehlen Sie eine Arbeitsfläche und geben Sie den Teig darauf. Geben Sie ebenfalls etwas Mehl an Ihre Hände und kneten Sie den Teig ca. 4 Minuten lang durch.

7 Fetten Sie eine große Schüssel mit etwas Öl oder Butter ein. Geben Sie den Teig in die Schüssel und decken Sie diese mit Plastikfolie ab. Lassen Sie den Teig 1 Stunde lang bei Zimmertemperatur gehen.

8 Bemehlen Sie eine Arbeitsfläche mit der Weizenkleie und geben Sie den Teig darauf. Rollen Sie den Teig mit einem Nudelholz aus. Falten Sie den Teig mehrmals zusammen und verwenden Sie dabei ebenfalls Mehl, bis der Teig nicht mehr an den Händen kleben bleibt.

9 Formen Sie den Teig zu einem Kreis. Halbieren, vierteln und achteln Sie den Teig, bis Sie acht gleich große Stücke haben.

10 Formen Sie die Teigstücke zu Kugeln. Belegen Sie ein Backblech mit Backpapier. Legen Sie darauf die Kugeln. Achten Sie darauf, genügend Platz (ca. 5 cm) zwischen den Kugeln zu lassen.

11 Fetten Sie Plastikfolie mit etwas Olivenöl ein und decken Sie damit das Backblech ab. Lassen Sie den Teig 30 Minuten lang bei Zimmertemperatur ruhen.

12 Heizen Sie den Backofen auf 260 °C vor. Falls Sie einen Pizzastein haben, schieben Sie diesen auf die unterste Schiene des Backofens. Falls Sie ein umgedrehtes Blech verwenden, schieben Sie dieses in die mittlere Schiene.

13 Vermengen Sie 2 TL Mehl, ½ TL Zucker, ½ TL Backpulver, ½ TL Öl und 80 ml kaltes Wasser in einem kleinen Topf miteinander. Stellen Sie eine mittlere Hitzezufuhr ein. Lassen Sie es unter Rühren 3 Minuten lang eindicken. Lassen Sie es anschließend abkühlen.

14 Bemehlen Sie die Arbeitsfläche. Nehmen Sie jeweils eine Teigkugel. Dehnen Sie den Teig zu länglichen ovalen Fladenbroten. Lassen Sie die Fladenbrote erneut 10 Minuten lang offen ruhen.

15 Hinweis: Verwenden Sie für das Dehnen des Teiges kein Nudelholz, da durch dieses die Luft aus dem Teig gerollt wird.

16 Streichen Sie die angerührte Glasur aus Schritt 13 auf die Fladenbrote. Befeuchten Sie zwei Finger. Formen Sie mit den nassen Fingern 3 - 4 längliche Rillen in den Teig. Streuen Sie auf die Rillen den Sesam und die Zwiebelsamen.

17 Ziehen Sie die Fladenbrote noch einmal vorsichtig auseinander, bevor Sie diese auf den Pizzastein/das umgedrehte Backblech legen. Backen Sie die Brote ca. 8 Minuten, bzw. bis die Fladenbrote goldbraun sind.

18 Lassen Sie die Fladenbrote auf einem Gitter abkühlen.

NAN-E TAFTOON |
DÜNNES FLADENBROT

8 Port.

1 Std.
45 Min.

Mittel

Zutaten

375 g Mehl
250 ml Wasser
80 ml warmes Wasser
4 EL Olivenöl
1 EL Zucker
1 EL Instant-Hefe
1 TL Salz

Nährwerte p. P.

239 kcal
37 g Kohlenhydrate
9 g Fett
3 g Eiweiß

1 Vermischen Sie die Hefe und den Zucker mit dem warmen Wasser in einer Schüssel, bis keine Klümpchen mehr vorhanden sind.

2 Geben Sie einen Deckel auf die Schüssel und lassen Sie die Hefe 10 Minuten an einem warmen Ort ruhen.

3 Vermengen Sie das Mehl mit dem Olivenöl und Salz in einer großen Schüssel. Fügen Sie nach und nach das Wasser hinzu. Rühren Sie den Teig gründlich um.

4 Je nach Mehlsorte kann die benötigte Wassermenge variieren. Geben Sie daher nicht gleich das gesamte Wasser hinzu. Der Teig soll etwas klebrig sein.

5 Kneten Sie den Teig 10 Minuten lang mit den Händen durch.

6 Fetten Sie die Arbeitsfläche etwas ein. Geben Sie den Teig darauf und rollen Sie diesen zu einem großen Kreis aus.

7 Geben Sie den ausgerollten Teig in eine gefettete Schüssel. Decken Sie die Schüssel mit einem Handtuch ab. Lassen Sie den Teig an einem warmen Ort für 30 Minuten ruhen.

8 Kneten Sie den Teig nach dem Ruhen noch mal durch. Teilen Sie den Teig in ca. 60 g schwere Kugeln.

9 Decken Sie die Kugeln mit einem Tuch ab und lassen Sie den Teig erneut 10 Minuten lang ruhen.

10 Erhitzen Sie eine beschichtete Pfanne.

11 Rollen Sie die Teigkugeln zu Kreisen aus. Geben Sie jeweils einen Fladen in die Pfanne. Lassen Sie das Brot backen, bis der Teig gar aussieht. Backen Sie die Fladen nach und nach.

Tipp: Bewahren Sie die Fladenbrote nach dem Backen in Alufolie auf, damit diese nicht trocken oder hart werden.

NAN-E SANGAK |
KIESELSTEIN-FLADENBROT

1 Port.

3 Std.
15 Min.

Mittel

Zutaten

130 g Vollkornmehl
120 ml Wasser
90 g Sauerteig
40 g Allzweckmehl
1 EL Olivenöl
1 EL Sesam
½ TL Honig
½ TL Salz

Zusätzliches Zubehör:
Backstahl/Pizzastein/Flusssteine/Backblech

Nährwerte p. P.

229 kcal
32 g Kohlenhydrate
8 g Fett
7 g Eiweiß

1 Vermengen Sie den Sauerteig, beide Mehlsorten, das Salz, Wasser und den Honig miteinander. Decken Sie den Teig ab und lassen Sie diesen 1 Stunde lang ruhen. Kneten Sie den Teig nicht, sondern vermischen Sie die Zutaten lediglich miteinander.

2 Falten Sie den Teig viermal zur Mitte, sodass eine Kugel entsteht. Drehen Sie die Kugel um und geben Sie obendrauf das Olivenöl. Rollen Sie die Kugel hin und her, sodass die Teigkugel mit dem Olivenöl bedeckt ist. Decken Sie den Teig erneut ab und lassen Sie den Teig weitere 30 Minuten ziehen.

3 Wiederholen Sie Schritt 2 drei weitere Male. Fügen Sie bei den folgenden Faltdurchgängen kein neues Olivenöl hinzu. Insgesamt ruht der Teig bei diesem Vorgang 2 Stunden (4 x 30 Minuten).

4 Heizen Sie den Backofen auf 260 °C Ober-/Unterhitze vor. Falls Sie einen Backstahl/einen Pizzastein oder Flusssteine verwenden, legen Sie diese ebenfalls in den Ofen, sodass später darauf das Fladenbrot gebacken werden kann.

Hinweis: Lassen Sie den Backofen vollständig vorheizen, sodass der Backstahl/Pizzastein/die Flusssteine die Temperatur aufnehmen können.

5a. Backblech und/oder Backstahl: Ölen Sie das Backblech mit etwas Olivenöl ein. Legen Sie den Teig direkt auf das Backblech und ziehen Sie den Teig direkt auf dem Blech länger. Geben Sie etwas Olivenöl auf das Fladenbrot und lassen Sie es 6 - 9 Minuten im Ofen backen.

5b. Backstahl/Flusssteine: Ölen Sie eine Arbeitsfläche leicht ein. Geben Sie den Teig darauf und dehnen Sie den Teig mit den Händen. Verteilen Sie etwas Olivenöl auf der Oberseite des Fladenbrotes. Heben Sie den Teig an und legen Sie diesen auf die Flusssteine/den Backstahl. Passen Sie auf, dass Sie sich nicht die Hände verbrennen. Lassen Sie das Fladenbrot 6-9 Minuten backen. Sie können vor dem Backen Sesamsamen auf das Fladenbrot geben. Das Brot kann knusprige Stellen haben, es sollte nicht komplett knusprig sein.

NAN-E LAVASH | WRAP

8 Port. 40 Min. Mittel

Zutaten

300 g Weizenmehl (Typ 550)
200 ml lauwarmes Wasser
1 TL Salz

Nährwerte p. P.

126 kcal
26 g Kohlenhydrate
0 g Fett
4 g Eiweiß

1 Vermischen Sie das Weizenmehl mit dem Salz. Fügen Sie das Wasser hinzu und kneten Sie den Teig 10 Minuten lang durch. Dies können Sie entweder mit der Hand oder mit einem Mixer mit Knethaken machen.

2 Formen Sie den Teig zu einer Kugel, sobald dieser homogen ist. Legen Sie die Kugel in eine Schüssel und decken Sie diese mit einem Leinentuch oder Handtuch ab. Lassen Sie den Teig 15 Minuten lang ruhen.

3 Teilen Sie den Teig in 60 g schwere Stücke. Formen Sie die Teigstücke zu Kugeln und decken Sie diese erneut ab.

4 Bemehlen Sie eine Arbeitsfläche. Nehmen Sie jeweils eine Teigkugel und bestäuben Sie diese beidseitig mit Mehl. Rollen Sie die Teigkugel zu einem Fladen aus. Drehen Sie den Teig um und rollen Sie den Teig erneut aus. Wiederholen Sie nach und nach diesen Vorgang mit allen Teigkugeln.

5 Erhitzen Sie eine beschichtete Pfanne bei einer mittleren Hitzezufuhr. Geben Sie jeweils einen Fladen in die Pfanne. Backen Sie den Fladen von jeder Seite ca. 40 Sekunden lang. Wenden Sie den Fladen währenddessen regelmäßig. Wiederholen Sie diesen Prozess mit allen Fladen.

Tipp: Sie können das Lavash-Brot entweder als Wrap verwenden oder zum Verzehr mit Dips.

Hauptgerichte Fleisch & Geflügel

KHORESH BADEMJAN |

AUBERGINENEINTOPF MIT LAMM

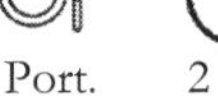

6 Port. | 2 Std. 40 Min. | Schwer

Zutaten

680 g Lammfleisch (ohne Knochen)
475 ml Wasser
425 ml gehackte Tomaten
30 ml Limettensaft
8 Kirschtomaten
4 Knoblauchzehen
2 Auberginen
2 Zwiebeln
1 TL Kurkuma
1 TL Salz
1 TL Advieh (Gewürzmischung)
½ TL schwarzer Pfeffer
½ TL Safran (aufgelöst in 45 ml heißem Wasser)
Etwas Olivenöl

Nährwerte p. P.

297 kcal
8 g Kohlenhydrate
18 g Fett
25 g Eiweiß

1 Halbieren Sie die Zwiebel und schneiden Sie diese in dünne Scheiben. Reiben Sie die Knoblauchzehen klein. Schälen Sie die Aubergine und schneiden Sie diese in Scheiben.

2 Erhitzen Sie etwas Olivenöl in einer Pfanne. Braten Sie darin ein Drittel der Zwiebeln für 10 - 15 Minuten an. Die Zwiebeln sollten goldbraun und etwas knusprig werden. Würzen Sie mit einer Prise Salz. Nehmen Sie die Zwiebeln heraus und stellen Sie diese beiseite.

3 Geben Sie die Kirschtomaten in die Pfanne. Braten Sie die Tomaten an, bis die Ränder der Tomaten dunkelbraun werden. Nehmen Sie die Tomaten heraus und geben Sie diese zu den Zwiebeln.

4 Erhitzen Sie etwas Olivenöl in einem Schmortopf. Braten Sie darin die restlichen Zwiebeln für 5 Minuten an.

5 Fügen Sie den Knoblauch hinzu und lassen Sie diesen 1 Minute anbraten.

6 Schieben Sie die Zwiebeln und den Knoblauch auf eine Seite des Topfes. Geben Sie so viel Lammfleisch hinzu, dass es den Boden bedeckt. Braten Sie das Fleisch ca. 3 Minuten an.

7 Hinweis: Das Fleisch soll zu diesem Zeitpunkt noch nicht vollständig durchgegart sein. Es soll lediglich von außen gebräunt sein.

8 Würzen Sie das Fleisch mit Advieh, schwarzem Pfeffer, Salz und Kurkuma.

9 Schütten Sie Wasser, die gehackten Tomaten, den Limettensaft und das Safranwasser hinzu. Rühren Sie gut um und bringen Sie es zum Kochen.

10 Reduzieren Sie auf eine mittlere bis niedrige Hitzezufuhr und lassen Sie es mit aufgesetztem Deckel 1 Stunde und 30 Minuten köcheln. Rühren Sie zwischendurch um.

11 Heizen Sie den Backofen auf 220 °C vor.

12 Belegen Sie ein Backblech mit Backpapier. Legen Sie die Auberginenscheiben auf das Backblech. Bestreichen Sie beide Seiten der Scheiben mit etwas Olivenöl. Geben Sie die Aubergine für 25 Minuten in den Backofen.

13 Hinweis: Die Backzeit kann je nach Backofen variieren. Die Aubergine sollte nach dem Backen so weich sein, dass man sie mit einer Gabel durchstechen kann. Passen Sie die Backzeit ggf. an.

14 Falls die Auberginenscheiben zu groß sind, können Sie diese halbieren oder vierteln. Geben Sie die Aubergine zu dem Fleisch. Lassen Sie es weitere 30 Minuten köcheln.

15 Schmecken Sie den Eintopf mit Gewürzen ab und fügen Sie die angebratenen Zwiebeln und Tomaten aus Schritt 2 und 3 hinzu. Lassen Sie den Eintopf weitere 10 Minuten köcheln.

Tipp: Zu diesem Gericht passt Safranreis und Tahdig.

FESENJAN |

GRANATAPFEL-WALNUSS-EINTOPF

4 Port. 2 Std. Mittel

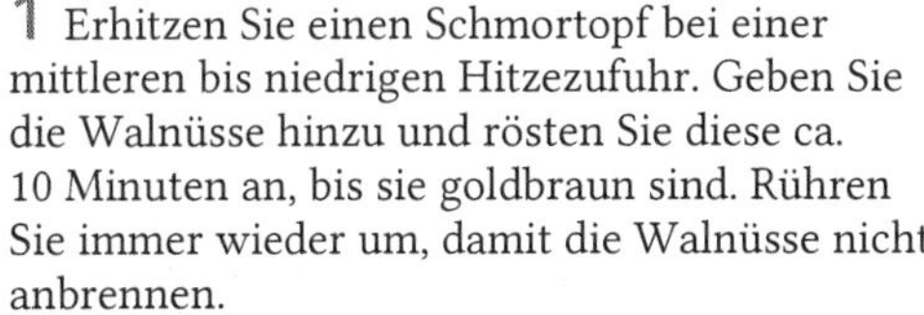

Zutaten

550 g Hähnchenschenkel
480 ml Hühnerbrühe
360 g Zwiebeln
240 g Walnüsse
60 ml Granatapfel-melasse
10 g Orangenschale
4 Knoblauchzehen
2 EL Olivenöl
2 EL Honig
1 EL Butter
1 TL Kreuzkümmel
1 TL Kurkuma
½ TL Muskatnuss
½ TL Zimt
Salz, schwarzer Pfeffer

Nährwerte p. P.

755 kcal
25 g Kohlenhydrate
52 g Fett
44 g Eiweiß

1 Erhitzen Sie einen Schmortopf bei einer mittleren bis niedrigen Hitzezufuhr. Geben Sie die Walnüsse hinzu und rösten Sie diese ca. 10 Minuten an, bis sie goldbraun sind. Rühren Sie immer wieder um, damit die Walnüsse nicht anbrennen.

2 Hacken Sie die Zwiebel und den Knoblauch klein. Schneiden Sie das Hähnchen in mundgerechte Stücke und würzen Sie das Fleisch mit Salz und schwarzem Pfeffer.Legen Sie die gerösteten Walnüsse auf einen Teller und lassen Sie diese abkühlen.

3 Geben Sie die abgekühlten Walnüsse in eine Küchenmaschine. Mixen Sie die Walnüsse, bis diese fein gemahlen sind.

4 Geben Sie etwas Olivenöl in den Schmortopf und erhitzen Sie den Topf erneut. Braten Sie das Hähnchen darin goldbraun an. Nehmen Sie das Hähnchen anschließend heraus und stellen Sie es beiseite.

5 Erhitzen Sie etwas Olivenöl und die Butter in dem Schmortopf. Braten Sie darin die Zwiebel für 5 Minuten an. Fügen Sie den Knoblauch hinzu und braten Sie es 4 weitere Minuten an.

6 Würzen Sie mit Kurkuma, Zimt, Muskatnuss und Kreuzkümmel. Geben Sie die Orangenschale hinzu und lassen Sie es 2 Minuten anrösten. Gießen Sie die Brühe hinzu. Fügen Sie die Walnüsse, das Hähnchen, die Granatapfelmelasse und etwas Salz hinzu. Bringen Sie es unter Rühren zum Kochen.

7 Decken Sie den Topf ab und reduzieren Sie auf eine niedrige Hitzezufuhr. Lassen Sie es 45 Minuten köcheln. Rühren Sie ab und zu um.

8 Nehmen Sie den Deckel ab und lassen Sie es weitere 15 Minuten köcheln. Rühren Sie regelmäßig um. Schmecken Sie den Eintopf mit Gewürzen ab.

ZERESHK POLO BA MORGH |

CHICKEN-WINGS AUF SAFRANREIS

4 Port. 5 Std. Mittel

Zutaten

600 ml Hühnerbrühe
270 g Basmatireis
40 g Berberitzen
2 g Kardamom
6 Hähnchenkeulen
2 Knoblauchzehen
1 Zwiebel
1 Eiswürfel
2 EL Tomatenmark
2 TL Kurkuma
1 TL Butter
¼ TL Zucker
Je ¼ TL Muskatnuss, Zimt, Koriander und Safran
Etwas Olivenöl
Salz, Pfeffer

Nährwerte p. P.

766 kcal
63 g Kohlenhydrate
28 g Fett
64 g Eiweiß

1 Geben Sie den Safran in ein Glas. Fügen Sie den Eiswürfel hinzu und lassen Sie diesen bei Zimmertemperatur schmelzen.

2 Erhitzen Sie etwas Olivenöl bei einer mittleren Hitzezufuhr in einem großen Topf.

3 Vermischen Sie Kurkuma, Zimt, Muskatnuss, Kardamom, Koriander und Kreuzkümmel in einer Schüssel miteinander. Streuen Sie die Gewürze über das Hähnchen. Hacken Sie die Zwiebel klein.

4 Geben Sie das Hähnchen und die Zwiebeln in den Topf. Braten Sie es an, bis beides goldbraun geworden ist.

5 Fügen Sie den Knoblauch hinzu und lassen Sie es eine weitere Minute braten.

6 Geben Sie das Tomatenmark, die Hälfte des Safranwassers (heben Sie den Rest auf), die Hühnerbrühe und etwas Salz und Pfeffer hinzu. Lassen Sie es aufkochen.

7 Lassen Sie es bei einer niedrigen Hitzezufuhr ca. 4 Stunden ohne Deckel köcheln. Kochen Sie den Reis nach den Packungsanweisungen.

8 Erhitzen Sie in einer Pfanne etwas Butter. Fügen Sie den Zucker und die Berberitzen hinzu und lassen Sie es 1 Minute lang anrösten. Nehmen Sie die Pfanne vom Herd.

9 Vermischen Sie den gekochten Reis, die angebratenen Berberitzen und das restliche Safranwasser miteinander.

10 Servieren Sie die Hähnchenkeulen auf dem Safranreis.

GHORMEH SABZI |

KRÄUTER-EINTOPF MIT RINDFLEISCH

 4 Port.

 2 Std.

 Mittel

Zutaten

480 ml Wasser
450 g Rindfleisch (geschmort)
100 g Spinat (gehackt)
100 g Koriander (gehackt)
90 g Kidneybohnen
80 g Petersilie (gehackt)
2 getrocknete Limetten
1 Zwiebel
3 EL Olivenöl
½ EL Bockshornklee
1 TL Kurkuma
Salz, Pfeffer

Nährwerte p. P.

437 kcal
20 g Kohlenhydrate
22 g Fett
34 g Eiweiß

1 Erhitzen Sie etwas Olivenöl in einer großen Pfanne. Fügen Sie das in Würfel geschnittene Rindfleisch hinzu. Braten Sie das Fleisch ca. 6 - 8 Minuten lang an.

2 Schneiden Sie die Zwiebel in feine Würfel und geben Sie diese zum Rindfleisch hinzu. Lassen Sie es eine weitere Minute braten.

3 Würzen Sie mit ½ TL Kurkuma und etwas Salz. Schalten Sie den Herd aus und nehmen Sie die Pfanne von der Platte.

4 Erhitzen Sie etwas Olivenöl in einem großen Topf. Geben Sie die Petersilie, den Spinat und den Koriander in den Topf. Braten Sie die Kräuter bei einer mittleren Hitzezufuhr ca. 10 Minuten an.

5 Würzen Sie die Kräuter mit ½ TL Kurkuma und dem Bockshornklee. Verrühren Sie die Gewürze gründlich mit den Kräutern.

6 Geben Sie die Rindfleisch-Mischung, das Wasser, die Kidneybohnen und die getrockneten Limetten zu den Kräutern. Vermengen Sie alles miteinander und bringen Sie es zum Kochen.

7 Reduzieren Sie auf eine niedrige Hitzezufuhr und setzen Sie einen Deckel auf den Topf. Lassen Sie den Eintopf ca. 1 Stunde und 15 Minuten köcheln.

8 Hinweis: Das Rindfleisch sollte nach dem Kochen zart sein. Probieren Sie nach Ablauf der Garzeit, ob das Fleisch die gewünschte Konsistenz erreicht hat. Verlängern Sie ansonsten die Garzeit.

9 Schmecken Sie den Eintopf mit Salz und Pfeffer ab.

Tipp: Als Beilage für den Eintopf ist Basmatireis sehr gut geeignet.

LUBIA POLO |

BOHNEN-REIS MIT HACKFLEISCH

6 Port.

1 Std. 45 Min.

Schwer

Zutaten

1,3 l Wasser
450 g Hackfleisch (Rind oder Lamm)
450 g grüne Bohnen
400 g Basmatireis
200 g Kartoffeln (in Scheiben geschnitten)
170 g Tomatenmark
120 ml Wasser
60 ml warmes Wasser
3 Knoblauchzehen
1 Zwiebel
6 EL Olivenöl
3 TL Salz
1 TL Cayennepfeffer
1 TL Currypulver (oder Advieh-Gewürzmischung)
Je ½ TL Zimt, Safran und schwarzer Pfeffer
½ TL Kreuzkümmel

Nährwerte p. P.

554 kcal
66 g Kohlenhydrate
21 g Fett
24 g Eiweiß

1 Geben Sie den Safran in ein Glas. Fügen Sie 60 ml warmes Wasser hinzu und rühren Sie um. Lassen Sie die Mischung ruhen, bis das Wasser eine starke rote Farbe angenommen hat. Stellen Sie es beiseite.

2 Bringen Sie das Wasser in einem großen Topf zum Kochen und fügen Sie etwas Salz hinzu.

3 Waschen Sie den Reis in mindestens drei Durchgängen ab. Das herauskommende Wasser sollte nahezu klar sein.

4 Geben Sie den Reis in das kochende Wasser. Rühren Sie ab und zu um, sodass der Reis nicht am Boden festklebt. Lassen Sie den Reis ca. 6 - 8 Minuten kochen. Hinweis: Der Reis soll zart sein, aber noch Biss haben.

5 Schütten Sie den Reis in ein Sieb ab und spülen Sie den Reis mit kaltem Wasser ab. Stellen Sie den Reis beiseite.

6 Erhitzen Sie 3 EL Olivenöl in einer großen Pfanne. Schneiden Sie die Zwiebel in Würfel und braten Sie diese bei einer mittleren Hitzezufuhr ca. 3 Minuten an.

7 Pressen Sie den Knoblauch in die Pfanne. Lassen Sie beides braten, bis die Zwiebeln goldbraun werden.

8 Geben Sie das Hackfleisch hinzu und würzen Sie es mit Currypulver (oder der Advieh-Gewürzmischung), Kreuzkümmel, Cayennepfeffer, Zimt, etwas Salz und schwarzem Pfeffer. Braten Sie das Fleisch an, bis es nicht mehr rosa ist.

9 Fügen Sie die grünen Bohnen, das Tomatenmark und 120 ml Wasser hinzu. Vermischen Sie alles miteinander.

10 Decken Sie die Pfanne mit einem Deckel ab und lassen Sie es köcheln, bis die grünen Bohnen nahezu gar sind. Dies dauert ca. 6 Minuten.

11 Geben Sie 3 EL Olivenöl in einen großen Topf und erhitzen Sie dieses bei einer mittleren Hitzezufuhr.

12 Verteilen Sie die Kartoffelscheiben auf dem Boden des Topfes, ohne dabei Scheiben zu überlappen.

13 Geben Sie ein Drittel des Reises in einer Kegelform darauf. Gießen Sie die Hälfte des Safranwassers, aus Schritt 1, über den Reis. Fügen Sie ein Drittel der Hackfleisch-Bohnen-Mischung hinzu. Wiederholen Sie den Vorgang, bis alle Zutaten verwendet wurden. Gießen Sie zum Schluss das restliche Safranwasser und 120 ml Wasser obendrauf.

14 Hinweis: Achten Sie darauf, dass der Reis kegelförmig im Topf steht.

15 Wickeln Sie den Deckel des Topfes in ein Handtuch und decken Sie damit den Topf ab. Lassen Sie den Reis bei einer mittleren Hitzezufuhr 40 Minuten lang kochen. Drehen Sie während des Kochens mehrmals den Topf, sodass der Reis gleichmäßig gegart wird.

16 Lockern Sie vorsichtig die Ränder der Innenseite des Topfes. Stellen Sie eine große Platte bereit und kippen Sie den Topf schnell, sodass der Inhalt in einem herauskommt.

KABAB TABEI |

PFANNEN-KEBAB

 2 Port.

 25 Min.

 Leicht

Zutaten

450 g Lammhackfleisch
2 Knoblauchzehen
1 Zwiebel
2 EL Erdnussöl
1 TL Sumach
1 TL geräuchertes Paprikapulver
1 TL Minze
1 TL Advieh (Gewürzmischung)
½ TL Kurkuma
½ TL Koriander
Salz, schwarzer Pfeffer

Nährwerte p. P.

316 kcal
4 g Kohlenhydrate
15 g Fett
42 g Eiweiß

1 Reiben Sie die Zwiebel und die Knoblauchzehen klein. Vermischen Sie alle Zutaten in einer Schüssel miteinander. Kneten Sie es 5 Minuten lang durch. Hinweis: Die Mischung sollte feucht und leicht zu formen sein.

2 Erhitzen Sie in einer Pfanne etwas Olivenöl bei einer mittleren Hitzezufuhr. Formen Sie das Fleisch auf Backpapier zu runden, flachen, ca. 20 cm großen Scheiben.

3 Nehmen Sie das Backpapier hoch und geben Sie damit das Fleisch in die Pfanne. Ziehen Sie das Backpapier ab und drücken Sie das Fleisch mit einem Pfannenwender in die Ecken der Pfanne. Lassen Sie es 3 Minuten lang braten.

4 Schneiden Sie aus dem Fleisch längliche Streifen heraus und wenden Sie jeden Streifen einmal. Braten Sie das Fleisch weitere 5 Minuten an.

5 Drehen Sie das Fleisch erneut um und lassen Sie es weitere 2 Minuten anbraten.

6 Nehmen Sie die Kebabstreifen heraus. Lassen Sie diese auf etwas Küchenrolle abtropfen.

Tipp: Hierzu passt Basmatireis oder ein Fladenbrot.

Hauptgerichte Fisch & Meeresfrüchte

MEYGOO POLO |

GEWÜRZREIS MIT SHRIMPS

 4 Port.  1,5 Std.  Mittel

Zutaten

770 ml Wasser
450 g Garnelen (entdarmt & gewaschen)
290 g Basmatireis
240 g Koriander (gehackt)
120 g Dill (gehackt)
120 g Frühlingszwiebeln (gehackt)
95 g Quinoa
60 g Bockshornkleeblätter (gehackt)
4 Knoblauchzehen
1 rote Paprika
1 Zwiebel
3 EL Olivenöl
2 EL Zitronensaft
1 EL Currypulver
1 TL Chiliflocken
1 TL Salz
Je ½ TL schwarzer Pfeffer, Kreuzkümmel und Kurkuma
½ TL Safran (in 30 ml heißem Wasser aufgelöst)

Nährwerte p. P.

721 kcal
94 g Kohlenhydrate
17 g Fett
42 g Eiweiß

1 Bringen Sie das Wasser in einem Topf zum Kochen und fügen Sie etwas Salz und 1 ½ EL Olivenöl hinzu.

2 Geben Sie den Basmatireis und Quinoa in den Topf und reduzieren Sie die Hitze auf eine mittlere Hitzezufuhr. Setzen Sie den Deckel auf den Topf und lassen Sie es ca. 20 Minuten lang köcheln. Erhitzen Sie 1 ½ EL Olivenöl in einer Pfanne.

3 Hacken Sie die Zwiebel in feine Würfel und braten Sie diese in dem Öl an, bis sie goldbraun werden.

4 Pressen Sie den Knoblauch in die Pfanne. Lassen Sie es weiterbraten. Schneiden Sie die Paprika in feine Würfel und geben Sie diese zusammen mit den Garnelen in die Pfanne.

5 Würzen Sie mit dem Currypulver, den Chiliflocken, Kreuzkümmel, Kurkuma, Pfeffer und etwas Salz. Fügen Sie die gehackten Kräuter und die Frühlingszwiebeln hinzu. Lassen Sie es ca. 5 Minuten lang braten. Nehmen Sie nur die Garnelen aus der Pfanne und stellen Sie diese beiseite.

6 Geben Sie die Reis-Quinoa-Mischung und die Zwiebel-Kräuter-Mischung abwechselnd in einen Kochtopf. Verteilen Sie auf der letzten Schicht den Zitronensaft und die Safran-Mischung. Setzen Sie einen Deckel auf den Topf und lassen Sie es bei einer mittleren Hitzezufuhr 5 Minuten lang köcheln.

7 Reduzieren Sie auf eine niedrige Hitzezufuhr und lassen Sie es 25 Minuten mit aufgesetztem Deckel köcheln. Rühren Sie ab und zu um. Stellen Sie anschließend den Herd aus. Servieren Sie den Reis und verteilen Sie darauf die Garnelen.

Tipp: Hierzu passt als Beilage ein Salat oder ein Dip.

MAHI SORKH KARDEH |

FRITTIERTER WOLFSBARSCH

4 Port. 40 Min. Leicht

Zutaten

120 g Mehl
120 ml Olivenöl
4 Wolfsbarsch-Filets
3 Eiswürfel
1 Zitrone
1 ½ TL Knoblauchpulver
1 TL Zwiebelpulver
1 TL Kurkuma
1 TL Salz
½ TL Zimt
¼ TL schwarzer Pfeffer
¼ TL Safran

Nährwerte p. P.

471 kcal
23 g Kohlenhydrate
17 g Fett
56 g Eiweiß

1 Geben Sie den Safran in ein Glas und darauf die Eiswürfel. Lassen Sie die Eiswürfel bei Zimmertemperatur schmelzen.

2 Bestreichen Sie die Wolfsbarsch-Filets von beiden Seiten mit dem Safran-Wasser.

3 Vermischen Sie das Mehl mit Zimt, Zwiebel- und Knoblauchpulver, schwarzem Pfeffer, Kurkuma und Salz in einem tiefen Teller.

4 Erhitzen Sie das Olivenöl bei mittlerer Hitze in einer tiefen Pfanne.

5 Wälzen Sie das Fischfilet beidseitig in der Mehl-Mischung. Pressen Sie die Filets mit der Hand in das Mehl, sodass das Mehl auch an den Filets kleben bleibt.

6 Frittieren Sie die Filets nach und nach in dem Öl. Die Filets brauchen pro Seite ca. 5 - 7 Minuten, um vollständig gegart zu sein.

7 Lassen Sie die Filets nach dem Frittieren auf einem Gitter oder auf etwas Küchenrolle abtropfen.

8 Geben Sie vor dem Servieren etwas Zitronensaft auf die Filets.

MAHI ZAFARONI |

SAFRAN-FISCH MIT LIMETTENSAFT

 4 Port.

 1 Std.

 Mittel

Zutaten

240 ml Wasser
80 ml heißes Wasser
40 g Mehl
30 ml Olivenöl
4 Red-Snapper-Filets (hautlos, ohne Gräten)
3 getrocknete Limetten
2 TL Salz
2 TL Petersilie (gehackt)
½ TL Knoblauchpulver
½ TL geräuchertes Paprikapulver
Je ½ TL Kreuzkümmel und Kurkuma
Je ¼ TL Cayennepfeffer und Safran

Nährwerte p. P.

318 kcal
10 g Kohlenhydrate
24 g Fett
15 g Eiweiß

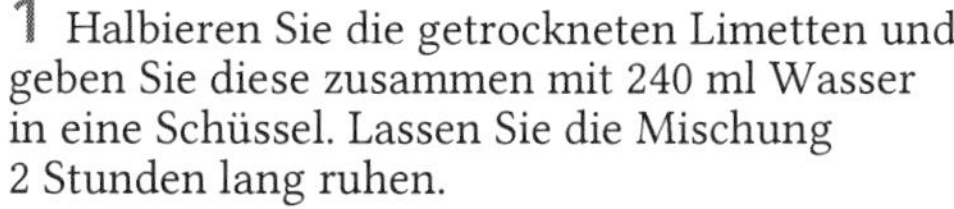

1 Halbieren Sie die getrockneten Limetten und geben Sie diese zusammen mit 240 ml Wasser in eine Schüssel. Lassen Sie die Mischung 2 Stunden lang ruhen.

2 Schütten Sie die Mischung nach Ablauf der Zeit durch ein feines Sieb und fangen Sie die Flüssigkeit in einer Tasse auf. Schmeißen Sie die Limetten weg.

3 Vermengen Sie in einer kleinen Schüssel das Knoblauchpulver, geräuchertes Paprikapulver, Kurkuma, Kreuzkümmel und Cayennepfeffer miteinander. Stellen Sie die Gewürzmischung beiseite.

4 Geben Sie den Safran in eine hitzefeste Schüssel und gießen das heiße Wasser hinzu. Rühren Sie die Mischung um und lassen Sie es 20 Minuten lang ziehen.

5 Waschen Sie die Fischfilets ab und tupfen Sie diese mit Küchenrolle trocken. Bestreichen Sie die Fischfilets von beiden Seiten mit der Gewürzmischung aus Schritt 3.

6 Legen Sie die Fischfilets auf einen Teller und lassen Sie diese 15 Minuten lang im Kühlschrank ruhen.

7 Nehmen Sie die Filets aus dem Kühlschrank. Streuen Sie auf beide Seiten etwas Salz und wälzen Sie die Filets von beiden Seiten in Mehl. Drücken Sie das Mehl an die Filets, sodass es kleben bleibt.

8 Erhitzen Sie das Olivenöl in einer großen Pfanne. Stellen Sie den Herd auf eine mittlere Hitzezufuhr und legen Sie die Filets hinein. Braten Sie den Fisch 3 Minuten pro Seite und wenden Sie den Fisch nur einmal auf die andere Seite.

9 Gießen Sie die Safran-Mischung über die Filets. Lassen Sie die Filets weitere 3 Minuten braten.

10 Servieren Sie die Filets auf Tellern und träufeln Sie auf jedes Filet etwas Limettensaft aus Schritt 2 und garnieren Sie den Fisch mit der Petersilie.

MAHI-E SHEKAM POR |
GEFÜLLTER FISCH

4 Port.

1 Std.
15 Min.

Mittel

Zutaten

60 g Koriander (gehackt)
60 g Tamarindenpaste
30 ml Wasser
15 g Bockshornkleeblätter
10 g Ingwer (gehackt)
2 ganze Red Snapper (mit Kopf & Schwanz)
2 Knoblauchzehen
2 Zitronen
2 Zwiebeln
5 EL Olivenöl
1 EL Tomatenmark
1 TL Kurkuma
Salz, Cayennepfeffer

Nährwerte p. P.

433 kcal
11 g Kohlenhydrate
32 g Fett
21 g Eiweiß

1 Erhitzen Sie 3 EL Olivenöl in einer Pfanne. Schneiden Sie eine Zwiebel in dünne Scheiben und braten Sie diese in dem Olivenöl 4 - 6 Minuten lang an.

2 Reduzieren Sie die Hitze auf eine niedrige Hitzezufuhr und lassen Sie die Zwiebeln 15 Minuten braten, bis diese goldbraun werden.

3 Fügen Sie den Bockshornklee, Koriander, Ingwer, die Tamarindenpaste, Tomatenmark, Kurkuma, etwas Cayennepfeffer und Salz sowie den gepressten Knoblauch hinzu. Lassen Sie es 2 Minuten anrösten und nehmen Sie die Pfanne anschließend vom Herd.

4 Heizen Sie den Backofen auf 200 °C Ober-/Unterhitze vor. Schieben Sie einen Rost in das obere Drittel des Backofens. Belegen Sie ein Backblech mit Backpapier.

5 Schneiden Sie die Zitrone und die Zwiebel in dünne Scheiben. Reiben Sie den Fisch von außen und innen mit 2 EL Olivenöl und etwas Salz ein.

6 Geben Sie die Füllung in den Fisch und verteilen Sie auch etwas davon auf den Fischen darauf. Befüllen Sie den Fisch mit der Hälfte der geschnittenen Zitrone und Zwiebel.

7 Bauen Sie auf dem Backblech zwei Betten aus den Zwiebeln und Zitronen, auf die Sie die Fische drauflegen.

8 Beträufeln Sie die Fische mit etwas Wasser und decken Sie diese fest mit Alufolie ab.

9 Schieben Sie das Backblech in den Ofen und lassen Sie den Fisch 12 Minuten lang backen.

10 Entfernen Sie nach Ablauf der Zeit die Alufolie. Lassen Sie den Fisch weitere 15 Minuten backen.

GHALIEH MAHI |

FISCH IN TAMARINDEN-SOẞE

4 Port.

1 Std. 20 Min.

Leicht

Zutaten

900 g Kabeljau/Heilbutt
720 ml heißes Wasser
140 g Tamarindenpaste
60 g Koriander (gehackt)
10 Frühlingszwiebeln
6 Knoblauchzehen
1 Zwiebel
10 EL Olivenöl
2 EL Bockshornkleeblätter
1 ½ EL Salz
1 TL Kurkuma
½ TL Chiliflocken

Nährwerte p. P.

672 kcal
16 g Kohlenhydrate
43 g Fett
50 g Eiweiß

1 Vermischen Sie die Tamarindenpaste mit dem heißen Wasser in einer großen Schüssel. Zerdrücken Sie die Paste mit einer Gabel und lassen Sie die Mischung 30 Minuten lang ruhen.

2 Schütten Sie die Mischung durch ein feines Sieb. Fangen Sie die herauskommende Flüssigkeit auf. Schmeißen Sie die Überreste der Tamarindenpaste weg.

3 Schneiden Sie die Zwiebel in feine Würfel. Erhitzen Sie 2 EL Olivenöl in einer Pfanne. Braten Sie darin die Zwiebel an, bis diese goldbraun wird. Pressen Sie den Knoblauch in die Pfanne und lassen Sie es weitere 2 Minuten braten.

4 Rühren Sie das Kurkumapulver ein. Lassen Sie es kurz anrösten und nehmen Sie anschließend die Pfanne vom Herd. Hacken Sie die Frühlingszwiebeln klein.

5 Erhitzen Sie in einer anderen Pfanne 6 EL Olivenöl. Geben Sie die Frühlingszwiebel und den Koriander hinein. Braten Sie es 15 Minuten bei einer mittleren Hitzezufuhr an.

6 Geben Sie die Bockshornkleeblätter, 1 EL Salz und die Chiliflocken hinzu. Lassen Sie es kurz anrösten. Rühren Sie die Tamarindenpaste und die Zwiebeln hinzu. Bringen Sie es zum Kochen.

7 Reduzieren Sie auf eine mittlere Hitzezufuhr und decken Sie die Pfanne mit einem Deckel ab. Lassen Sie es 30 Minuten lang köcheln. Rühren Sie währenddessen ab und zu um.

8 Streuen Sie etwas Salz über den Fisch und braten Sie diesen in 2 EL Olivenöl bei einer mittleren Hitzezufuhr auf beiden Seiten ca. 5 Minuten lang an.

9 Legen Sie den Fisch in die Tamarindensoße, decken Sie die Pfanne mit einem Deckel ab und lassen Sie es weitere 5 Minuten garen. Servieren Sie die Soße und den Fisch gemeinsam.

Tipp: Hierzu passt Basmatireis als Beilage.

SABZI POLO BA MAHI |

LACHS MIT GEWÜRZREIS

4 Port. 1 Std. 15 Min. Mittel

Zutaten

700 ml Wasser
450 g Lachsfilet/Seelachs
190 g Basmatireis
4 EL Olivenöl
2 EL Mehl
2 EL Koriander (gehackt)
2 EL Dill (gehackt)
2 EL Frühlingszwiebeln (gehackt)
2 EL Petersilie (gehackt)
1 EL Butter
Salz, schwarzer Pfeffer, Kurkuma

Nährwerte p. P.

507 kcal
46 g Kohlenhydrate
25 g Fett
22 g Eiweiß

1 Waschen Sie den Basmatireis in mindestens drei Durchgängen. Das herauskommende Wasser sollte nahezu klar sein.

2 Bringen Sie die 700 ml Wasser in einem Topf zum Kochen. Fügen Sie den Reis und etwas Salz hinzu. Lassen Sie den Reis ca. 5 - 8 Minuten kochen.

3 Hinweis: Der Reis soll außen weich sein und innen noch fest. Probieren Sie den Reis hierzu am besten. Schütten Sie den Reis in ein feines Sieb. Lassen Sie kaltes Wasser darüber laufen und lassen Sie den Reis kurz abtropfen.

4 Geben Sie den Reis in eine Schüssel und rühren Sie die gehackten Kräuter sowie die Frühlingszwiebeln darunter.

5 Erhitzen Sie etwas Olivenöl in einem Topf. Geben Sie etwas Reis auf den Boden des Topfes und fügen Sie dann den restlichen Reis hinzu. Formen Sie aus dem Reis einen Kegel in der Mitte des Topfes. Machen Sie Löcher in den Reis-Kegel, sodass der entstehende Dampf entweichen kann.

6 Geben Sie die Butter in kleinen Stücken auf den Reis. Decken Sie den Topf mit einem Handtuch ab und geben Sie darauf den Deckel. Lassen Sie den Reis ca. 5 bis 10 Minuten bei mittlerer Hitzezufuhr köcheln.

7 Reduzieren Sie auf eine niedrige Hitzezufuhr und lassen Sie den Reis für 35 Minuten köcheln.

8 Vermengen Sie Mehl, Salz, Pfeffer und etwas Kurkuma auf einem Teller miteinander. Wenden Sie die Fischfilets beidseitig darin. Schütteln Sie überschüssiges Mehl ab.

9 Erhitzen Sie etwas Olivenöl in einer Pfanne und braten Sie den Fisch darin von jeder Seite 5 Minuten lang an. Servieren Sie den Gewürzreis zusammen mit dem gebratenen Fisch.

Tipp: Wenn Sie ein dickeres Fischfilet haben, kann es sein, dass der Fisch länger braucht, um gar zu werden. Geben Sie dem Fisch 2 - 4 Minuten länger zum Braten.

Hauptgerichte vegetarisch

JAVAHER POLO |

GEMÜSEREIS MIT NÜSSEN

6 Port.

2 Std.

Schwer

Zutaten

400 g iranischer Reis oder Basmatireis
100 g Zucker
100 ml Wasser
65 ml heißes Wasser
65 ml Olivenöl
60 g Möhren
60 g Rosinen
50 g Orangenschale
30 g Salz
20 g Berberitzen
20 g Pistazien
20 g Mandeln
3 Kardamomkapseln
1 Zwiebel
1 Zimtstange
2 EL Butter
1 EL Zucker
½ TL Kurkuma
½ TL Safran
¼ TL Zucker
Salz, Pfeffer

Nährwerte p. P.

526 kcal
82 g Kohlenhydrate
18 g Fett
7 g Eiweiß

1 Waschen Sie den Reis, bis das Wasser klar herauskommt. Weichen Sie den Reis mindestens 30 Minuten lang in warmem gesalzenem Wasser ein.

2 Bringen Sie 65 ml Wasser zum Kochen und rühren Sie den Safran sowie ¼ TL Zucker unter. Decken Sie den Topf ab und stellen Sie diesen beiseite.

3 Füllen Sie einen großen Topf mit Wasser auf und geben Sie das Salz hinzu. Bringen Sie es zum Kochen und fügen Sie anschließend den Reis hinzu. Lassen Sie den Reis ca. 5 - 7 Minuten lang kochen. Hinweis: Der Reis sollte nach dem Kochen al dente sein.

4 Schütten Sie das Reiswasser ab. Rühren Sie den Reis mit einer Gabel vorsichtig um, damit der entstehende Dampf verdunsten kann.

5 Nehmen Sie einen großen Topf. Geben Sie das Olivenöl und 2 EL des Safranwassers hinzu und stellen Sie eine mittlere Hitzezufuhr ein.

6 Fügen Sie langsam den Reis hinzu. Bringen Sie den Reis in die Mitte und formen Sie daraus eine kegelähnliche Form. Geben Sie die Butter auf den Reis und decken Sie den Topf mit einem Küchentuch ab. Lassen Sie es bei niedriger Hitzezufuhr ca. 45 - 60 Minuten lang köcheln.

7 Waschen Sie die Berberitzen und die Möhrenstreifen und weichen Sie diese in Wasser ein. Stellen Sie es beiseite.

8 Schneiden Sie den weißen Teil der Orangenschale ab und schneiden Sie die Schale in dünne Streifen.

9 Bringen Sie in einem Topf kaltes Wasser zum Kochen und lassen Sie die Orangenschale kurz darin köcheln. Wiederholen Sie diesen Vorgang mit der gesamten Orangenschale und wechseln Sie hierbei das Wasser ein- bis zweimal.

10 Füllen Sie zum Schluss 100 ml Wasser und 100 g Zucker in den Topf und bringen Sie es zum Kochen. Lassen Sie die Orangenschale ca. 5 Minuten lang darin köcheln. Stellen Sie den Topf anschließend beiseite.

11 Erhitzen Sie etwas Olivenöl in einer Pfanne und braten Sie darin die in Spalten geschnittene Zwiebel an.

12 Fügen Sie die Kardamomkapseln, die Zimtstange, 1 EL des Safranwassers sowie Kurkuma hinzu. Lassen Sie die Zwiebeln karamellisieren und nehmen Sie diese anschließend aus der Pfanne.

13 Kochen Sie die Berberitzen und die Möhren in etwas Wasser und geben Sie 1 EL Zucker hinzu und fügen Sie die Zwiebel, Rosinen, Orangenschale, Pistazien und die Mandeln hinzu. Verrühren Sie alles gut miteinander und rühren Sie zum Schluss den Reis und das restliche Safranwasser unter.

14 Schmecken Sie den Reis mit Salz und Pfeffer ab und servieren Sie ihn auf einem großen Teller.

KUKU SABZI |

GEWÜRZ-FRITTATA

 4 Port.  40 Min.  Leicht

Zutaten

240 g Koriander
240 g Petersilie
120 g Rosinen
3 Eier
2 EL Olivenöl
½ TL Salz
½ TL Backpulver
½ TL schwarzer Pfeffer
½ TL Kurkuma

Nährwerte p. P.

307 kcal
28 g Kohlenhydrate
13 g Fett
9 g Eiweiß

1 Heizen Sie den Backofen auf 350 °C Ober-/Unterhitze vor.

2 Waschen Sie die Kräuter gründlich ab und trocknen Sie diese mit Küchenrolle ab. Hacken Sie die Kräuter klein.

3 Vermengen Sie alle Zutaten in einer Schüssel miteinander. Füllen Sie die Mischung in eine ofenfeste und gusseiserne Pfanne um.

4 Stellen Sie die Pfanne in den Ofen. Lassen Sie die Frittata ca. 20 - 30 Minuten backen.

5 Nehmen Sie die Pfanne aus dem Ofen und lassen Sie die Frittata vor dem Verzehr etwas abkühlen.

Tipp: Falls die Frittata schon früher sehr braun wird, machen Sie einen Zahnstocher-Test. Kommt der Zahnstocher sauber heraus, können Sie die Frittata vor Ablauf der Zeit herausnehmen.

KOOKOO SIBZAMINI |

KARTOFFEL-QUICHE MIT SCHNITTLAUCH

1 Port.

1 Std. 10 Min.

Leicht

Zutaten

450 g Kartoffeln
60 g Schnittlauch (gehackt)
60 ml Milch
6 Eier
1 ½ TL heißes Wasser
1 TL Salz
¼ TL Safran
¼ TL Pfeffer
Etwas Olivenöl/Butter

Nährwerte p. P.

117 kcal
11 g Kohlenhydrate
5 g Fett
6 g Eiweiß

1 Zerstoßen Sie den Safran in einem Mörser. Vermischen Sie den Safran und das heiße Wasser in einer kleinen Schüssel miteinander. Lassen Sie die Mischung 10 Minuten lang ziehen.

2 Heizen Sie den Backofen auf 190 °C Ober-/Unterhitze vor.

3 Vermengen Sie in einer großen Schüssel den Schnittlauch, die Milch, Eier sowie Salz und Pfeffer miteinander.

4 Waschen Sie die Kartoffeln ab und schneiden Sie die Kartoffeln in sehr dünne Scheiben. Rühren Sie die Safran-Mischung und die Kartoffeln unter die Eier-Mischung.

5 Fetten Sie eine runde Backform mit Olivenöl oder Butter ein. Füllen Sie die Füllung der Quiche hinein.

6 Schieben Sie die Backform in den Ofen und lassen Sie die Quiche ca. 35 - 40 Minuten lang backen. Die Oberfläche der Quiche sollte leicht gebräunt sein.

7 Lassen Sie die Quiche nach dem Backen 10 - 15 Minuten lang abkühlen.

ADAS POLO |

LINSENREIS

6 Port.

2 Std.

Schwer

Zutaten

1,9 l Wasser
400 g Basmatireis
200 g grüne Linsen
160 g Datteln (entkernt & halbiert)
100 g Rosinen
60 ml Olivenöl
30 g Mandelscheiben
4 Knoblauchzehen (gehackt)
1 Zwiebel
3 EL Berberitzen (getrocknet & geputzt)
2 EL Olivenöl
2 TL Advieh (Gewürzmischung)
1 TL Salz
½ TL Pfeffer
½ TL Safran (gemahlen & in 60 ml warmem Wasser aufgelöst)
Kurkumapulver

Nährwerte p. P.

654 kcal
98 g Kohlenhydrate
19 g Fett
17 g Eiweiß

1 Spülen Sie die Linsen in einem Sieb ab und durchsuchen Sie die Linsen nach kleinen Steinchen.

2 Bringen Sie 480 ml Wasser in einem Topf zum Kochen. Fügen Sie die Linsen und das Salz hinzu. Lassen Sie die Linsen bei niedriger Hitzezufuhr ca. 15 - 20 Minuten köcheln. Hinweis: Die Linsen sollen durch, aber nicht matschig sein.

3 Schütten Sie die Linsen ab und stellen Sie diese beiseite. Erhitzen Sie in einem Kochtopf 2 EL Olivenöl.

4 Schneiden Sie die Zwiebel in dünne Scheiben. Braten Sie die Zwiebel und den Knoblauch bei mittlerer Hitzezufuhr an, bis die Zwiebeln goldbraun werden.

5 Rühren Sie die Linsen, etwas Salz, Pfeffer, das Kurkumapulver und die Advieh-Gewürzmischung unter. Lassen Sie es kurz anrösten und nehmen Sie den Topf vom Herd.

6 Bringen Sie in einem großen Topf 1,4 l Wasser zum Kochen. Fügen Sie etwas Salz hinzu.

7 Waschen Sie den Basmatireis mehrmals ab, bis das herauskommende Wasser klar ist.

8 Geben Sie den Reis in das Wasser und lassen Sie den Reis bei hoher Hitzezufuhr ca. 5 - 6 Minuten köcheln. Schütten Sie den Reis ab und lassen Sie ihn in einem Sieb abtropfen.

9 Verrühren Sie ¼ des Reises mit 1 TL Safranwasser und stellen Sie diese Portion beiseite.

10 Vermengen Sie den restlichen Reis mit der Linsen-Zwiebel-Mischung in einem Topf.

11 Rühren Sie das Safranwasser und 1 EL Olivenöl unter den Reis. Stellen Sie den Herd auf eine mittlere Hitzezufuhr und lassen Sie den Reis 10 Minuten lang köcheln. Rühren Sie ab und zu um.

12 Reduzieren Sie die Hitze auf eine niedrige Hitzezufuhr und lassen Sie es weitere 20 Minuten köcheln.

13 Erhitzen Sie etwas Öl in einem anderen Topf und geben Sie die Rosinen, Mandelscheiben und Datteln hinzu. Braten Sie es einige Minuten an. Nehmen Sie die Zutaten aus dem Topf und stellen Sie diese beiseite.

14 Braten Sie in dem Öl die Berberitzen 1 Minute bei niedriger Hitzezufuhr an. Nehmen Sie den Topf vom Herd.

15 Lassen Sie den Reis nach dem Kochen 5 Minuten lang ruhen. Rühren Sie anschließend noch einmal um.

16 Schütten Sie den Reis (auch den Reis aus Schritt 12) auf ein Serviertablett und garnieren Sie den Reis mit der Mischung aus Schritt 16 und den Berberitzen.

KHORESHTEH KARAFS |

SELLERIE-TOFU-EINTOPF

4 Port.

1 Std.

Mittel

Zutaten

650 ml Gemüsebrühe
450 g Tofu
Je 1 Bund Stangensellerie, Petersilie und Minze
1 Zwiebel
1 Zitrone (gepresst)
1 EL Apfelessig
½ EL Tomatenmark
1 TL Kurkuma
1 TL Zucker
Etwas Olivenöl
Salz, Pfeffer

Nährwerte p. P.

137 kcal
8 g Kohlenhydrate
6 g Fett
11 g Eiweiß

1 Schneiden Sie die Zwiebel und den Tofu in feine Würfel. Trennen Sie die einzelnen Selleriestangen ab und schneiden Sie diese in Stücke.

2 Erhitzen Sie etwas Olivenöl in einem großen Topf und braten Sie darin die Zwiebel glasig an.

3 Fügen Sie den Tofu hinzu und braten Sie diesen ebenfalls einige Minuten an.

4 Würzen Sie mit dem Kurkumapulver, Salz und Pfeffer und fügen Sie ebenfalls das Tomatenmark und die Gemüsebrühe hinzu. Lassen Sie es ca. 30 Minuten bei mittlerer Hitzezufuhr braten.

5 Erhitzen Sie in einer großen Pfanne etwas Olivenöl und braten Sie darin den Sellerie an, bis dieser weicher geworden ist.

6 Fügen Sie den Apfelessig, Zucker und etwas Salz und Pfeffer hinzu. Lassen Sie es so lange köcheln, bis der Essig verdampft ist.

7 Geben Sie die gehackte Minze und Petersilie hinzu und fügen Sie ggf. weiteres Olivenöl hinzu. Lassen Sie die Kräuter braten, bis diese eine dunkle Farbe annehmen.

8 Fügen Sie die Kräuter-Sellerie-Mischung zu dem Tofu hinzu. Geben Sie einen Deckel auf den Topf und lassen Sie es 5 - 10 Minuten köcheln.

9 Schmecken Sie den Eintopf mit dem Zitronensaft und etwas Salz ab.

Tipp: Zu diesem Gericht passt Basmatireis als Beilage.

KUKU GOLEH KALAM | BLUMENKOHL-FRITTATA

4 Port.

1 Std.
10 Min.

Leicht

Zutaten

5 Eier
4 Knoblauchzehen
1 Blumenkohl
1 Zwiebel
1 TL Backpulver
½ TL Kurkuma
Etwas Olivenöl
Salz, Pfeffer

Nährwerte p. P.

167 kcal
8 g Kohlenhydrate
9 g Fett
12 g Eiweiß

1 Schneiden Sie den Blumenkohl in mundgerechte Stücke. Geben Sie den Blumenkohl in eine Schüssel und vermengen Sie diesen mit 1 ½ EL Olivenöl.

2 Heizen Sie den Backofen auf 350 °C Ober-/Unterhitze vor.

3 Belegen Sie ein Backblech mit Backpapier und breiten Sie darauf den Blumenkohl aus.

4 Schieben Sie das Backblech in den Ofen und lassen Sie den Blumenkohl ca. 15 Minuten darin backen.

5 Schneiden Sie die Zwiebel in feine Würfel. Erhitzen Sie etwas Olivenöl in einer Pfanne und braten Sie darin die Zwiebel goldbraun an.

6 Fügen Sie den gepressten Knoblauch und das Kurkumapulver hinzu. Lassen Sie es bei niedriger Hitzezufuhr 2 - 3 Minuten lang anrösten.

7 Verquirlen Sie die Eier in einer großen Schüssel. Fügen Sie das Backpulver sowie nach Belieben Salz und Pfeffer hinzu.

8 Geben Sie den Blumenkohl und die Zwiebel-Mischung zu den Eiern hinzu. Vermengen Sie alles gründlich miteinander.

9 Heizen Sie den Backofen erneut auf 350 °C Ober-/Unterhitze vor.

10 Fetten Sie eine Auflaufform mit etwas Öl ein und geben Sie dort die Blumenkohl-Mischung hinein.

11 Schieben Sie die Auflaufform in den Ofen. Lassen Sie die Frittata ca. 30 Minuten lang backen. Das Ei sollte vollständig gekocht sein.

Hauptgerichte vegan

SABZI POLO |

GEWÜRZREIS

4 Port.

2 Std.

Mittel

Zutaten

380 g Basmatireis
120 ml Wasser
90 g Dill (gehackt)
30 g Petersilie (gehackt)
30 g Schnittlauch (gehackt)
30 g Koriander (gehackt)
6 Blätter Römersalat
4 EL Olivenöl

Nährwerte p. P.

586 kcal
87 g Kohlenhydrate
19 g Fett
14 g Eiweiß

1 Waschen Sie den Basmatireis in mindestens drei Durchgängen ab. Das Wasser sollte nahezu klar herauskommen. Stellen Sie den Reis beiseite.

2 Geben Sie den Dill, die Petersilie, Schnittlauch und den Koriander in eine Schüssel und vermengen Sie die Kräuter miteinander.

3 Befüllen Sie einen großen Topf mit Wasser und bringen Sie das Wasser zum Kochen.

4 Fügen Sie den Reis hinzu. Lassen Sie den Reis ca. 7 - 8 Minuten lang kochen. Hinweis: Der Reis sollte von außen weich sein, aber innen noch fest sein. Schütten Sie den Reis ab und lassen Sie diesen einige Minuten abtropfen.

5 Vermengen Sie die Kräuter und den Reis in einer Schüssel miteinander.

6 Stellen Sie den Topf wieder auf den Herd und fügen Sie das Olivenöl hinzu. Schalten Sie eine mittlere Hitzezufuhr ein.

7 Sobald das Olivenöl heiß ist, legen Sie die Salatblätter auf den Boden des Topfes und bedecken diesen damit komplett.

8 Schütten Sie die Kräuter-Reis-Mischung auf den Salat. Formen Sie aus dem Reis einen Hügel, dessen Spitze in der Mitte des Topfes ist, und machen Sie Löcher in den Reis-Hügel. Hinweis: Die Löcher im Reis-Hügel sorgen dafür, dass der entstehende Dampf entweichen kann.

9 Schütten Sie 120 ml Wasser um den Hügel herum in den Topf. Wickeln Sie den Deckel des Topfes in ein Handtuch und setzen Sie den Deckel auf den Topf.

10 Stellen Sie eine mittlere Hitzezufuhr ein und lassen Sie den Reis 15 Minuten lang dämpfen.

11 Schütten Sie 4 EL Olivenöl auf den Reis und verschließen Sie den Topf erneut mit Deckel. Lassen Sie den Reis weitere 25 Minuten bei mittlerer Hitzezufuhr dämpfen.

12 Servieren Sie den Reis warm.

DO PIAZEH ALOO |

GEBRATENE KARTOFFELN

4 Port.

35 Min.

Leicht

Zutaten

8 kleine Zwiebeln
4 große Kartoffeln
4 EL Olivenöl
2 EL Tomatenmark
1 TL Kurkuma
1 TL Salz
1 TL schwarzer Pfeffer

Nährwerte p. P.

265 kcal
24 g Kohlenhydrate
16 g Fett
4 g Eiweiß

1 Bringen Sie in einem Topf Wasser zum Kochen.

2 Schälen Sie die Kartoffeln und waschen Sie diese ab. Schneiden Sie die Kartoffeln in mundgerechte Würfel.

3 Geben Sie die Kartoffeln in das kochende Wasser. Lassen Sie die Kartoffeln 5 bis 10 Minuten köcheln. Die Kartoffeln sollten fast gar sein. Schütten Sie die Kartoffeln ab und lassen Sie diese abtropfen.

4 Erhitzen Sie das Olivenöl in einer großen Pfanne. Schneiden Sie die Zwiebel in feine Würfel und braten Sie sie in der Pfanne an, bis diese goldbraun werden.

5 Fügen Sie das Tomatenmark, Kurkuma und Salz und Pfeffer hinzu. Lassen Sie es kurz anrösten.

6 Rühren Sie die Kartoffeln unter. Lassen Sie es 5 - 8 Minuten braten. Rühren Sie währenddessen regelmäßig um.

7 Schmecken Sie die Kartoffeln mit Salz und Pfeffer ab.

KHORESH GHEYMEH |

ERBSEN-EINTOPF

4 Port.

2 Std.

Mittel

Zutaten

1,3 l Wasser
400 g Kartoffeln
400 g gelbe Erbsen
8 getrocknete Limetten
6 Knoblauchzehen
2 Zwiebeln
1 Limette
4 EL Tomatenmark
2 EL Olivenöl
1 TL Zimt
1 TL Kurkuma
Öl zum Frittieren
Salz, schwarzer Pfeffer

Nährwerte p. P.

329 kcal
39 g Kohlenhydrate
12 g Fett
10 g Eiweiß

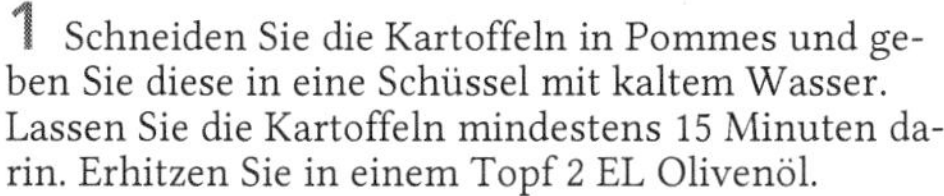

1 Schneiden Sie die Kartoffeln in Pommes und geben Sie diese in eine Schüssel mit kaltem Wasser. Lassen Sie die Kartoffeln mindestens 15 Minuten darin. Erhitzen Sie in einem Topf 2 EL Olivenöl.

2 Schneiden Sie die Zwiebel in dünne Scheiben und braten Sie diese in dem Olivenöl an. Würzen Sie die Zwiebeln mit etwas Salz.

3 Fügen Sie das Kurkumapulver hinzu und lassen Sie die Zwiebeln so lange braten, bis sie goldbraun werden.

4 Bringen Sie 700 ml Wasser in einem Topf zum Kochen. Fügen Sie die Erbsen hinzu und reduzieren Sie die Hitzezufuhr. Lassen Sie die Erbsen mit aufgesetztem Deckel für 14 Minuten köcheln. Schütten Sie die Erbsen ab und lassen Sie diese abtropfen.

5 Stechen Sie mit einer Gabel oder einem Messer jeweils einmal in die getrockneten Limetten ein. Hinweis: Durch das Einstechen der Limetten tritt der Geschmack besser aus. Seien Sie bei der Benutzung eines Messers vorsichtig, da die Schale der Limetten sehr zäh sein kann.

6 Fügen Sie den gepressten Knoblauch zu den Zwiebeln hinzu und lassen Sie es erneut einige Minuten braten.

7 Geben Sie das Tomatenmark, die getrockneten Limetten, Zimt, die Erbsen und 600 ml Wasser hinzu. Lassen Sie es kurz aufkochen.

8 Decken Sie den Topf mit einem Deckel ab und reduzieren Sie die Hitzezufuhr. Lassen Sie es 20 Minuten köcheln. Rühren Sie währenddessen ab und zu um.

9 Nehmen Sie eine tiefe Bratpfanne und füllen Sie diese mit so viel Öl auf, dass Sie darin die Pommes frittieren können. Erhitzen Sie das Öl auf hoher Stufe.

10 Trocknen Sie die Pommes mit Küchenrolle ab und frittieren Sie die Pommes portionsweise goldbraun. Würzen Sie die Pommes nach dem Frittieren mit Salz und Pfeffer.

11 Schmecken Sie den Eintopf mit dem Saft der Limette, Salz und Pfeffer ab. Servieren Sie den Eintopf gemeinsam mit den Pommes.

TAHDIG |

PERSISCHER REIS

 4 Port.

 1 Std.

 Leicht

Zutaten

950 ml Wasser
380 g Reis (Basmati- oder Jasmin-Reis)
3 EL Olivenöl
1 TL Salz

Nährwerte p. P.

441 kcal
74 g Kohlenhydrate
12 g Fett
7 g Eiweiß

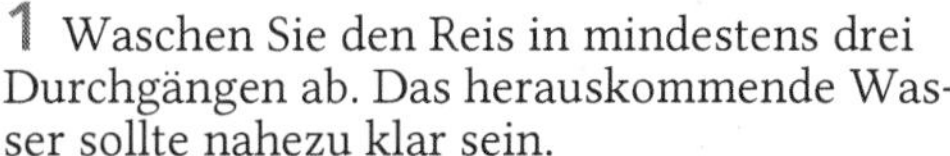

1 Waschen Sie den Reis in mindestens drei Durchgängen ab. Das herauskommende Wasser sollte nahezu klar sein.

2 Geben Sie die 950 ml Wasser in einen mittelgroßen Topf und bringen Sie es zum Kochen.

3 Fügen Sie den Reis und das Salz hinzu. Reduzieren Sie die Hitze auf eine mittlere Hitzezufuhr, setzen Sie den Deckel auf den Topf und lassen Sie den Reis 10 bis 13 Minuten köcheln. Nehmen Sie den Topf vom Herd.

4 Hinweis: Nach Ablauf der Garzeit sollte der Reis das gesamte Kochwasser aufgesogen haben.

5 Erhitzen Sie das Öl in einer beschichteten Pfanne bei mittlerer Hitzezufuhr. Die Pfanne sollte auch an den Rändern mit dem Öl bedeckt sein.

6 Geben Sie den gesamten Reis in die Pfanne. Verteilen Sie den Reis und drücken Sie diesen mit einem Löffel flach. Der Reis sollte an der Oberfläche glatt sowie fest aneinandergepresst sein.

7 Setzen Sie einen Deckel auf den Topf und lassen Sie den Reis so lange braten, bis er anfängt, nussig zu riechen.

8 Drehen Sie die Pfanne gelegentlich in eine andere Richtung, um zu verhindern, dass gewisse Stellen anbrennen. Lassen Sie den Reis insgesamt 15 Minuten lang braten.

9 Nehmen Sie den Deckel ab und lösen Sie die Ränder vorsichtig mit einem Messer oder einer Gabel. Achten Sie darauf, den Reis nicht auseinanderzubrechen.

10 Bereiten Sie einen Servierteller vor und kippen Sie den Reis darauf, wie Sie es beim Stürzen eines Kuchens machen würden. Die knusprige Seite des Reises sollte oben sein.

DAL ADAS |

LINSEN-EINTOPF

4 Port.

1,5 Std.

Mittel

Zutaten

720 ml heißes Wasser
200 g rote Linsen
150 g Kartoffeln
110 g kernlose Tamarinde (ersatzweise 2 EL Zitronensaft)
15 g frische Kurkuma (ersatzweise ¼ TL Kurkumapulver)
5 Schalotten
4 Knoblauchzehen
3 EL vegane Butter/Olivenöl
1 TL Tomatenmark
½ TL Salz
¼ TL Currypulver
¼ TL Cayennepfeffer
1 Prise Zimt
1 Prise Kardamom

Nährwerte p. P.

306 kcal
41 g Kohlenhydrate
7 g Fett
15 g Eiweiß

1 Spülen Sie die Linsen ab, durchsuchen Sie die Linsen nach kleinen Steinchen oder anderen ungewollten Bestandteilen und lassen Sie die Linsen anschließend abtropfen.

2 Brechen Sie die Tamarinde in kleine Stücke und geben Sie die Stücke in eine mittelgroße Schüssel. Werfen Sie die Schale weg.

3 Füllen Sie die Schüssel mit 120 ml kochendem Wasser auf. Zerdrücken Sie die Tamarinde mit einer Gabel und lassen Sie die Mischung 10 Minuten lang ruhen. Rühren Sie währenddessen mehrmals um. Es sollte eine dickflüssige Soße entstehen.

4 Nehmen Sie ein feines Sieb und setzen Sie dieses auf eine Tasse. Füllen Sie die Soße in das Sieb. Pressen Sie die Soße mit einer Gabel durch das Sieb. In der Tasse sollte am Ende eine glatte dickflüssige Soße sein.

5 Erhitzen Sie die vegane Butter oder Olivenöl in einem großen Topf.

6 Schneiden Sie die Schalotte in feine Würfel und braten Sie diese in der Butter/dem Olivenöl an. Sobald die Schalotte goldbraun wird, entnehmen Sie 3 EL der Schalotten und stellen diese beiseite.

7 Hacken Sie die frische Kurkuma und die Knoblauchzehen und fügen Sie diese in den Topf hinzu. Lassen Sie es 3 Minuten lang bei niedriger Hitzezufuhr anbraten.

8 Fügen Sie das Tomatenmark hinzu und lassen Sie dieses ebenfalls kurz anrösten.

9 Schälen Sie die Kartoffeln und schneiden Sie diese in kleine Würfel.

10 Löschen Sie mit 600 ml heißem Wasser ab und fügen Sie die Linsen, Kartoffeln, das Salz und die anderen Gewürze hinzu. Bringen Sie es zum Kochen.

11 Decken Sie den Topf mit einem Deckel zu und reduzieren Sie die Hitzezufuhr. Lassen Sie es bei niedriger Hitzezufuhr 15 - 20 Minuten köcheln. Rühren Sie währenddessen ab und zu um.

12 Rühren Sie die Tamarindensoße und die Schalotten unter.

13 Decken Sie den Topf mit dem Deckel ab und lassen Sie es 15 Minuten köcheln. Rühren Sie während des Kochens mehrmals um.

Tipp: Die Konsistenz sollte nicht zu dünn- und nicht zu dickflüssig sein. Fügen Sie ggf. weiteres Wasser hinzu, wenn der Eintopf zu dickflüssig wird. Schmecken Sie den Eintopf mit den Gewürzen ab und servieren Sie den Eintopf mit Brot oder Reis als Beilage.

ASHE MASH |

MUNGOBOHNEN-EINTOPF

6 Port.

3 Std.

Mittel

Zutaten

1,8 l Wasser
800 g gehackte Kräuter (Petersilie, Estragon, Schnittlauch, Koriander, Bohnen-kraut)
400 g Mungobohnen
190 g Reis
2 Zwiebeln
4 EL Minze (getrocknet)
2 EL Tomatenmark
Etwas Olivenöl
Salz, Pfeffer, Kurkuma

Nährwerte p. P.

215 kcal
33 g Kohlenhydrate
5 g Fett
7 g Eiweiß

1 Weichen Sie die Mungobohnen über Nacht in Wasser ein. Schneiden Sie die Zwiebeln in dünne Scheiben.

2 Erhitzen Sie etwas Olivenöl in einer Pfanne und braten Sie die Zwiebel darin an, bis diese goldbraun wird.

3 Fügen Sie 1,8 l Wasser, die Mungobohnen, Salz, Pfeffer und Kurkuma hinzu. Bringen Sie es zum Kochen.

4 Setzen Sie einen Deckel auf den Topf, reduzieren Sie die Hitze auf eine mittlere Hitzezufuhr und lassen Sie die Mungobohnen kochen. Dies dauert ca. 1 Stunde.

5 Waschen Sie den Reis in mindestens drei Durchgängen ab. Das herauskommende Wasser sollte nahezu klar sein. Fügen Sie den Reis zu den Mungobohnen hinzu. Setzen Sie den Deckel auf und lassen Sie es für 15 weitere Minuten köcheln.

6 Fügen Sie die gehackten Kräuter hinzu und setzen Sie erneut den Deckel auf. Lassen Sie es weiterköcheln.

7 Erhitzen Sie etwas Olivenöl in einer Pfanne. Rösten Sie darin das Tomatenmark, Salz und Pfeffer an. Geben Sie das angeröstete Tomatenmark zu dem Eintopf und lassen Sie es weitere 15 Minuten köcheln.

8 Geben Sie die getrocknete Minze hinzu. Schmecken Sie den Eintopf mit Salz, Pfeffer und Kurkuma ab.

Soßen, Cremes & Dips

KASHKE BADEMJAN |

AUBERGINEN-DIP

6 Port. 1,5 Std. Mittel

Zutaten

240 ml Gemüsebrühe
15 g Walnüsse (gehackt)
6 Knoblauchzehen
4 Auberginen
1 Zwiebel
4 EL Olivenöl
3 EL Kashk (oder Sauerrahm/griechischer Joghurt)
2 EL Minze
1 TL Kurkuma

Nährwerte p. P.

168 kcal
8 g Kohlenhydrate
13 g Fett
3 g Eiweiß

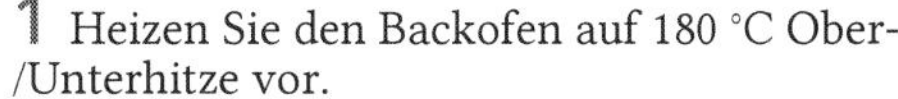

1 Heizen Sie den Backofen auf 180 °C Ober-/Unterhitze vor.

2 Halbieren Sie die Aubergine der Länge nach. Schneiden Sie diagonale Schlitze in das Fruchtfleisch der Aubergine.

3 Hinweis: Achten Sie darauf, die Aubergine nicht kleiner zu zerteilen, sondern lediglich Schnitte in das Fruchtfleisch zu machen.

4 Belegen Sie ein Backblech mit Backpapier. Beträufeln Sie die Oberseite der Aubergine mit Olivenöl und legen Sie die Aubergine mit der aufgeschnittenen Seite nach unten auf das Backpapier.

5 Geben Sie das Backblech in den Ofen und lassen Sie die Aubergine darin ca. 40 Minuten lang backen.

6 Nehmen Sie die Aubergine heraus und löffeln Sie das Fruchtfleisch heraus, sodass nur noch die Schale übrig bleibt. Stellen Sie das Fruchtfleisch beiseite.

7 Würfeln Sie die Zwiebel und pressen Sie den Knoblauch. Erhitzen Sie etwas Olivenöl in einer Pfanne. Braten Sie darin die Zwiebel und den Knoblauch an. Fügen Sie die Minze, Kurkuma und 1 EL Olivenöl hinzu. Lassen Sie es einige Minuten bei mittlerer Hitze weiterbraten.

8 Geben Sie das Fruchtfleisch der Aubergine, die gehackten Walnüsse und die Gemüsebrühe hinzu. Stellen Sie den Herd auf eine niedrige Hitzezufuhr und setzen Sie einen Deckel auf die Pfanne. Lassen Sie es ca. 15 Minuten lang köcheln.

9 Rühren Sie nach Ablauf der Zeit Kashk (oder griechischen Joghurt/Sauerrahm) unter. Die Konsistenz sollte cremiger werden.

10 Lassen Sie den Dip abkühlen und servieren Sie diesen bspw. mit Barbari-Fladenbrot (siehe Brot-Rezepte).

MAAST-O-KHIAR |

JOGHURT-GURKEN-DIP

6 Port.

10 Min.

Leicht

Zutaten

600 g Joghurt (griechischer Joghurt/Naturjoghurt)
240 g Gurke
120 g Zwiebel
1 TL Minze
Salz, Pfeffer

Nährwerte p. P.

216 kcal
12 g Kohlenhydrate
15 g Fett
6 g Eiweiß

1 Waschen Sie die Gurke und raspeln Sie diese mithilfe einer Reibe klein. Schneiden Sie die Zwiebel in feine Würfel.

2 Geben Sie alle Zutaten in eine Schüssel und schmecken Sie nach Belieben mit Salz und Pfeffer ab.

KASHK KADU |

ZUCCHINI-DIP

6 Port.

30 Min.

Leicht

Zutaten

10 g Walnüsse (gehackt)
2 Zucchini
2 Zwiebeln
1 Knoblauchzehe
2 EL Kashk (oder Crème fraîche)
1 EL Kurkuma
1 TL Minze
Etwas Olivenöl
Salz, Pfeffer

Nährwerte p. P.

271 kcal
16 g Kohlenhydrate
18 g Fett
8 g Eiweiß

1 Schneiden Sie die Zwiebel in feine Ringe und hacken Sie den Knoblauch klein. Erhitzen Sie etwas Olivenöl in einer Pfanne. Braten Sie darin den Knoblauch und die Zwiebeln glasig.

2 Geben Sie das Kurkumapulver hinzu und lassen Sie dieses anschwitzen.

3 Schneiden Sie die Zucchini in Würfel oder Halbmonde. Fügen Sie die Zucchini in die Pfanne hinzu. Braten Sie die Zucchini so lange an, bis diese weich geworden ist.

4 Geben Sie die Hälfte des Gemüses in einen Mixer. Fügen Sie Kashk und die Minze hinzu. Pürieren Sie die Zutaten zu einer cremigen Masse.

5 Schütten Sie die pürierte Masse zurück in die Pfanne und lassen Sie es bei niedriger Hitze aufkochen. Rühren Sie ab und zu um.

6 Rühren Sie die gehackten Walnüsse unter und schmecken Sie den Dip mit Salz und Pfeffer ab. Servieren Sie den Dip zusammen mit etwas Brot.

MAST-O MUSIR |

JOGHURT-SCHALOTTEN-DIP

6 Port.

4,5 Std.

Leicht

Zutaten

960 g griechischer Joghurt
200 g getrocknete Schalotten
4 EL Minze
1 TL Salz
½ TL schwarzer Pfeffer
Etwas Olivenöl

Nährwerte p. P.

95 kcal
9 g Kohlenhydrate
0 g Fett
7 g Eiweiß

1 Weichen Sie die getrockneten Schalotten mindestens 4 Stunden in kaltem Wasser ein.

2 Gießen Sie die Schalotten in ein sehr feines Sieb ab. Spülen Sie die Schalotten mehrmals ab und lassen Sie diese anschließend abtropfen. Tipp: Tupfen Sie die Schalotten vor dem Benutzen mit Küchenrolle ab.

3 Hacken Sie die Schalotten mit einem scharfen Messer fein. Vermengen Sie den griechischen Joghurt, die Schalotten, 3 EL gehackte Minze und Salz und Pfeffer miteinander. Stellen Sie den Dip in den Kühlschrank und lassen Sie diesen ziehen.

4 Schmecken Sie den Dip vor dem Servieren ab und garnieren Sie den Dip mit etwas Olivenöl und den übrigen Minzblättern.

MIRZA GHASEMI |

TOMATEN-AUBERGINEN-DIP

6 Port.

1 Std. 15 Min.

Mittel

Zutaten

480 g geschälte Tomaten
5 Auberginen (klein)
4 Knoblauchzehen
2 EL Olivenöl
2 TL Sumach (Gewürzmischung)
Salz, Pfeffer

Nährwerte p. P.

130 kcal
12 g Kohlenhydrate
6 g Fett
4 g Eiweiß

1 Heizen Sie den Backofen auf 200 °C Ober-/Unterhitze vor.

2 Schneiden Sie die Enden der Auberginen ab und halbieren Sie die Auberginen.

3 Belegen Sie ein Backblech mit Backpapier und bestreichen Sie dieses mit einer dünnen Schicht Olivenöl.

4 Legen Sie die Auberginen mit der flachen Seite nach unten auf das Backblech. Stechen Sie mit einer Gabel mehrere Löcher in die Auberginen.

5 Geben Sie die Auberginen für ca. 40 - 50 Minuten in den Backofen. Wenden Sie die Auberginen nach ca. 25 Minuten.

6 Nehmen Sie die Auberginen aus dem Ofen und lassen Sie diese abkühlen. Sobald die Auberginen ausreichend abgekühlt sind, ziehen Sie die Haut ab. Schneiden Sie die Auberginen grob kleiner.

7 Tipp: Verwenden Sie zum Abziehen der Haut Handschuhe, um Ihre Hände nicht zu verfärben.

8 Erhitzen Sie etwas Olivenöl in einem Topf. Pressen Sie die Knoblauchzehen hinein und lassen Sie diese einige Minuten bei niedriger bis mittlerer Hitzezufuhr anrösten.

9 Fügen Sie die Gewürzmischung Sumach und die geschälten Tomaten hinzu. Lassen Sie es so lange köcheln, bis die Tomaten größtenteils zerkocht sind.

10 Rühren Sie die Auberginen unter und schmecken Sie den Dip mit Salz und Pfeffer ab.

ESFENAJ MAST |

SPINAT-JOGHURT-DIP

6 Port.

1 Std.

Leicht

Zutaten

450 g Naturjoghurt
300 g Spinat (frisch)
60 g Walnüsse (gehackt)
2 Knoblauchzehen
1 Zwiebel
½ TL Chilischote (gehackt)
Etwas Olivenöl
Salz, Pfeffer

Nährwerte p. P.

142 kcal
6 g Kohlenhydrate
10 g Fett
7 g Eiweiß

1 Hacken Sie den Knoblauch und schneiden Sie die Zwiebel in feine Würfel.

2 Erhitzen Sie etwas Olivenöl in einer Pfanne. Braten Sie in der Pfanne die Chilischote und den Knoblauch an.

3 Fügen Sie die Zwiebel hinzu und braten Sie diese bei niedriger Hitzezufuhr goldbraun an. Würzen Sie mit etwas Salz und Pfeffer.

4 Hacken Sie den Spinat etwas kleiner. Geben Sie den Spinat in die Pfanne und lassen Sie diesen zusammenfallen.

5 Ziehen Sie die Pfanne vom Herd, sobald der Spinat eingefallen ist. Lassen Sie den Spinat abkühlen.

6 Füllen Sie die Spinat-Mischung in eine mittelgroße Schüssel um. Fügen Sie den Joghurt und etwas Salz und Pfeffer hinzu. Vermengen Sie die Zutaten gründlich miteinander.

7 Schmecken Sie den Dip mit Salz und Pfeffer ab. Garnieren Sie den Dip mit den gehackten Walnüssen.

KALEH JOOSH |
WALNUSS-DIP

6 Port. | 1 Std. 40 Min. | Mittel

Zutaten

720 ml Wasser
110 g Walnüsse (gemahlen)
1 Zwiebel
4 EL Quark
2 EL Olivenöl
1 TL Minze (getrocknet)
½ TL Kurkuma
½ TL schwarzer Pfeffer

Nährwerte p. P.

192 kcal
3 g Kohlenhydrate
17 g Fett
5 g Eiweiß

1 Schneiden Sie die Zwiebel grob klein. Erhitzen Sie etwas Olivenöl in einem Topf und braten Sie darin die Zwiebel 5 Minuten lang an.

2 Fügen Sie das Kurkumapulver und schwarzen Pfeffer hinzu. Lassen Sie dieses einige Minuten lang anrösten, bevor Sie die Minze hinzugeben.

3 Geben Sie die gemahlenen Walnüsse hinzu. Lassen Sie dieses 1 Minute lang anrösten.

4 Schütten Sie 240 ml Wasser hinzu. Lassen Sie es bei niedriger Hitzezufuhr 10 Minuten lang köcheln.

5 Rühren Sie den Quark unter und lassen Sie es erneut kurz aufkochen.

6 Schütten Sie das restliche Wasser hinzu. Lassen Sie den Dip 45 Minuten lang bei niedriger Hitzezufuhr köcheln.

7 Füllen Sie den Dip in eine Schüssel um und servieren Sie diesen mit Brot.

Fingerfood & Snacks

KOOFTEH |

FLEISCHBÄLLCHEN

4 Port.

1 Std.

Mittel

Zutaten

450 g Hackfleisch (Lamm oder Rind)
360 ml Hühnerbrühe
60 g Semmelbrösel
40 g Kirschen (getrocknet & gehackt)
1 Ei
1 Schalotte
2 EL Olivenöl
2 EL Mehl
2 EL Pistazien (gehackt)
½ TL Koriander
½ TL Kreuzkümmel
½ TL Selleriesamen
½ TL Fenchelsamen
½ TL Salz

Nährwerte p. P.

300 kcal
17 g Kohlenhydrate
14 g Fett
25 g Eiweiß

1 Vermengen Sie das Hackfleisch, die Semmelbrösel, die Pistazien, Kirschen, das Ei und die Gewürze (Selleriesamen, Koriander, Kreuzkümmel, Fenchelsamen und Salz) in einer Schüssel miteinander. Verwenden Sie hierfür am besten die Hand.

2 Portionieren Sie die Mischung und formen Sie daraus ca. 18 gleich große Bällchen.

3 Erhitzen Sie in einer großen Pfanne etwas Olivenöl und braten Sie darin die Fleischbällchen von jeder Seite an. Nehmen Sie die Fleischbällchen anschließend aus der Pfanne, aber halten Sie diese warm.

4 Schneiden Sie die Schalotte in Würfel. Geben Sie die Schalotte in die Pfanne und braten Sie diese kurz an.

5 Fügen Sie das Mehl hinzu. Lassen Sie dieses ca. 1 Minute andünsten. Rühren Sie die Brühe ein. Würzen Sie mit etwas Salz.

6 Hinweis: Die Brühe sollte durch das Mehl eindicken. Lassen Sie es etwas länger köcheln, falls die Brühe nicht dicker wird.

7 Geben Sie die Fleischbällchen zurück in die Pfanne. Wenden Sie die Fleischbällchen, sodass alle Bällchen mit der Soße benetzt sind.

8 Setzen Sie einen Deckel auf die Pfanne und stellen Sie den Herd auf eine niedrige Hitzezufuhr. Lassen Sie die Bällchen 2 Minuten köcheln.

Tipp: Servieren Sie die Bällchen entweder mit Reis oder ohne zusätzliche Beilage.

DOLMEH |

GEFÜLLTE WEINBLÄTTER

8 Port.

2,5 Std.

Mittel

Zutaten

480 ml Wasser
450 g Hackfleisch (Rind)
240 g Zwiebeln
160 g Basmatireis
120 g Frühlingszwiebeln
120 g Estragon (gehackt)
120 ml Zitronensaft
120 g Dill (gehackt)
80 g Erbsen
60 g Zucker
15 - 20 Weinblätter (abgespült & entstielt)
2 Knoblauchzehen
1 TL Zimt
¼ TL Safran
Etwas Olivenöl
Salz, Pfeffer

Nährwerte p. P.

407 kcal
38 g Kohlenhydrate
20 g Fett
18 g Eiweiß

1 Schneiden Sie die Zwiebel in feine Würfel und hacken Sie den Knoblauch und die Frühlingszwiebeln klein.

2 Erhitzen Sie etwas Olivenöl in einem Topf und braten Sie darin das Gemüse an. Fügen Sie das Hackfleisch hinzu und lassen Sie es ca. 4 Minuten lang anbraten.

3 Geben Sie den Dill, Estragon und Safran hinzu und würzen Sie nach Belieben mit Salz und Pfeffer.

4 Schütten Sie das Wasser, den Reis und die Erbsen in die Pfanne. Setzen Sie einen Deckel auf die Pfanne und lassen Sie es aufkochen. Lassen Sie es so lange köcheln, bis der Reis das Wasser aufgesogen hat. Dies kann ca. 30 - 40 Minuten dauern.

5 Nehmen Sie die Pfanne vom Herd und rühren Sie den Zimt unter.

6 Nehmen Sie ein Weinblatt, pressen Sie es platt und geben Sie ca. 2 EL der Füllung in die Mitte des Blattes. Falten Sie die untere Seite des Weinblattes über die Füllung und falten Sie anschließend beide Seiten zur Mitte ein. Rollen Sie das Weinblatt nach oben, sodass eine feste Rolle entsteht. Wiederholen Sie diesen Vorgang bei den restlichen Weinblättern.

7 Legen Sie unbefüllte Weinblätter auf den Boden eines Schmortopfes. Stapeln Sie die befüllten Weinblätter mit der Nahtseite nach unten in dem Topf.

8 Vermischen Sie den Zucker mit dem Zitronensaft. Gießen Sie die Mischung über die Weinblätter.

9 Decken Sie die Weinblätter ab und kochen Sie diese für ca. 45 Minuten bei niedriger Hitzezufuhr.

Tipp: Lassen Sie die Weinblätter vor dem Servieren abkühlen.

KUKU SIBZAMINI |
KARTOFFELPATTYS

6 Port.

45 Min.

Mittel

Zutaten

60 ml Olivenöl
4 große Kartoffeln
2 Eier
4 EL Mehl
1 EL Safran
1 EL Minze (getrocknet)
1 TL Salz
¼ TL Kurkuma
¼ TL schwarzer Pfeffer

Nährwerte p. P.

214 kcal
17 g Kohlenhydrate
14 g Fett
4 g Eiweiß

1 Bringen Sie Wasser zum Kochen. Salzen Sie das Wasser leicht und kochen Sie darin die Kartoffeln, bis diese weich sind.

2 Geben Sie die Kartoffeln in eine Schüssel und zerstampfen Sie die Kartoffeln mit einem Kartoffelstampfer oder einer Gabel.

3 Schlagen Sie das Ei am Rand der Schüssel auf und mischen Sie dieses unter die Kartoffelmasse.

4 Würzen Sie mit Kurkuma, Safran, Minze, Salz und Pfeffer. Mischen Sie nach und nach das Mehl unter.

5 Hinweis: Der Teig sollte fest genug sein, sodass er zusammenhält, aber auch nicht zu ähnlich zu einem klassischen Teig. Passen Sie die Menge an Mehl ggf. an.

6 Erhitzen Sie das Olivenöl in einer Pfanne.

7 Formen Sie den Teig zu runden Pattys und braten Sie diese nach und nach in der Pfanne an. Die Pattys sollten nach ca. 4 Minuten pro Seite knusprig sein.

8 Legen Sie die fertigen Kartoffelpattys auf Küchenrolle, um das überschüssige Öl abzustreifen.

ZEYTOON PARVARDEH |

MARINIERTE OLIVEN

 6 Port.  15 Min.  Leicht

Zutaten

350 g grüne Oliven (entkernt)
10 g Minze
10 g Koriander
10 g Petersilie
7 Walnüsse (ganze)
2 Knoblauchzehen
2 EL Granatapfelkerne
2 EL Granatapfelsaft
2 EL Granatapfelmelasse
1 EL Olivenöl

Nährwerte p. P.

179 kcal
4 g Kohlenhydrate
16 g Fett
3 g Eiweiß

1 Entfernen Sie die Schale der Walnüsse und der Knoblauchzehen. Geben Sie beides in eine Küchenmaschine und pürieren Sie es, bis beides fein gemahlen ist.

2 Ziehen Sie die Minze, den Koriander und die Petersilie von den Stielen ab und geben Sie diese in die Küchenmaschine. Pürieren Sie diese Zutaten ebenfalls.

3 Fügen Sie das Olivenöl sowie die Granatapfelmelasse und -saft hinzu. Stellen Sie die Küchenmaschine erneut auf Pürieren.

4 Füllen Sie die entstandene Paste in eine mittelgroße Schüssel um. Geben Sie die Oliven und die Granatapfelkerne hinzu und vermengen Sie alles gründlich miteinander.

5 Verschließen Sie die Schüssel mit einem Deckel und lassen Sie die Oliven mindestens über Nacht marinieren.

DOYMAJ |

FETA-WALNUSS-BÄLLCHEN

 8 Port.

 1 Std. 15 Min.

 Mittel

Zutaten

400 g Weizentortilla
240 ml Wasser
150 g Feta
80 g Walnüsse (gehackt)
15 g Estragon
15 g Dill
15 g Minze
15 g Petersilie
15 g Schnittlauch
1 Zwiebel
3 EL essbare Blüten (als Garnitur)
2 EL Butter

Nährwerte p. P.

295 kcal
29 g Kohlenhydrate
15 g Fett
10 g Eiweiß

1 Heizen Sie den Backofen auf 100 °C Ober-/Unterhitze vor.

2 Legen Sie die Tortillas verteilt auf ein Backblech. Schieben Sie das Backblech in den Ofen und lassen Sie die Tortillas ca. 15 Minuten lang backen. Hinweis: Die Tortillas sollten nach dem Backen trocken und knusprig sein.

3 Zerbröseln Sie die Tortillas in eine Schüssel. Hacken Sie die Zwiebel klein.

4 Erhitzen Sie die Butter in einer mittelgroßen Pfanne und lassen Sie darin die Zwiebel goldbraun anrösten. Dies kann ca. 10 - 15 Minuten dauern.

5 Hacken Sie die Minze, Dill, Estragon, Petersilie und den Schnittlauch grob klein.

6 Geben Sie die Walnüsse in eine Küchenmaschine. Zerkleinern Sie die Walnüsse grob, aber achten Sie darauf, dass die Walnüsse nicht gemahlen sind, sondern noch stückig.

7 Geben Sie die Kräuter, Zwiebel und Walnüsse zu den zerbröselten Tortillas und vermengen Sie alles gründlich miteinander.

8 Schütten Sie das Wasser hinzu und vermischen Sie alles erneut gründlich miteinander.

9 Zerbröseln Sie den Feta und rühren Sie diesen ebenfalls unter die Masse.

10 Nehmen Sie jeweils 1 EL der Masse in die Hand und rollen Sie diese vorsichtig zu einem Ball. Wiederholen Sie den Vorgang, bis die Masse leer ist.

11 Hacken Sie die essbaren Blüten grob kleiner und geben Sie diese in einen tiefen Teller. Rollen Sie die Bällchen nach und nach in den Blumen, sodass die Blumen von außen an den Bällchen kleben bleiben.

CHIPS PANEER |
ÜBERBACKENE CHIPS

6 Port.

35 Min.

Leicht

Zutaten

400 g Mozzarella
200 g Kartoffelchips
150 g geräucherter Schinken
1 Chilischote
1 Paprika
4 EL Zuckermais
3 EL Mayonnaise
1 EL Ketchup
2 TL scharfe Soße
1 TL Basilikum
¼ TL Knoblauch
Salz, Pfeffer

Nährwerte p. P.

411 kcal
24 g Kohlenhydrate
25 g Fett
24 g Eiweiß

1 Entkernen Sie die Paprika. Schneiden Sie die Paprika und den geräucherten Schinken in feine Würfel und die Chilischote in dünne Ringe.

2 Belegen Sie ein Backblech mit Backpapier. Verteilen Sie die Hälfte der Chips auf dem Backblech und geben Sie anschließend auch den Mozzarella, die Hälfte des geräucherten Schinkens, ¼ der Paprika und des Mais hinzu.

3 Wiederholen Sie den Vorgang, indem Sie die restlichen Zutaten darauf verteilen.

4 Heizen Sie den Backofen auf 180 °C bei Ober-/Unterhitze vor.

5 Schieben Sie das Backblech in den Ofen und lassen Sie die Chips ca. 15 Minuten lang überbacken.

6 Vermengen Sie in einer Schüssel die Mayonnaise, den Ketchup, Knoblauch, das Basilikum und die scharfe Soße miteinander. Tipp: Schmecken Sie die Soße ggf. mit etwas Salz und Pfeffer ab.

7 Servieren Sie die überbackenen Chips mit der Soße als Beilage.

Desserts

POFAKI GERDOOYI |

WALNUSS-KEKSE

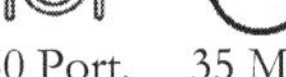

30 Port. 35 Min. Leicht

Zutaten

90 g Walnüsse (gehackt)
30 g Puderzucker
3 Eigelbe
1 EL Pistazien (gemahlen)
½ TL Vanilleextrakt
¼ TL Kardamom

Nährwerte p. P.

34 kcal
1 g Kohlenhydrate
3 g Fett
1 g Eiweiß

1 Heizen Sie den Backofen auf 165 °C Ober-/Unterhitze vor. Belegen Sie ein Backblech mit Backpapier.

2 Vermengen Sie die Eigelbe mit dem Puderzucker, Kardamom und dem Vanilleextrakt. Schlagen Sie es ca. 10 Minuten lang auf.

3 Heben Sie vorsichtig die gehackten Walnüsse unter. Hinweis: Achten Sie darauf, dass alle Walnüsse mit dem Teig bedeckt sind.

4 Nehmen Sie 1 TL Teig pro Keks. Setzen Sie die Teigkleckse auf das Backpapier und streuen Sie anschließend obendrauf die gemahlenen Pistazien.

5 Geben Sie das Backblech für ca. 15 Minuten in den Backofen. Die Kekse sollten nach dem Backen goldbraun sein.

Tipp: Lassen Sie die Kekse vor dem Verzehr vollständig abkühlen.

SHOLEH ZARD |

SAFRAN-REIS-PUDDING

6 Port.

1 Std.

Mittel

Zutaten

950 ml Wasser
160 g Kristallzucker
120 g Basmati-/Jasminreis
30 g Mandelblättchen
5 Kardamomkapseln
2 EL Butter
1 ½ EL Rosenwasser
¼ TL Safran (gemahlen)
Etwas Zimt

Nährwerte p. P.

235 kcal
43 g Kohlenhydrate
6 g Fett
3 g Eiweiß

1 Geben Sie den Reis in eine Schüssel. Füllen Sie Wasser hinein, bis der Reis komplett bedeckt ist, und waschen Sie den Reis gründlich mit den Händen. Schütten Sie das Wasser ab und wiederholen Sie den Vorgang drei- bis viermal.

2 Füllen Sie den gewaschenen Reis in einen Topf. Schütten Sie das Wasser hinzu und bringen Sie es zum Kochen. Lassen Sie es so lange köcheln, bis der Reis weich wird bzw. auseinanderfällt.

3 Geben Sie den Safran, Zucker, die Kardamomkapseln, das Rosenwasser und die Mandelblättchen zum Reis hinzu. Lassen Sie es bei niedriger Hitzezufuhr ca. 20 Minuten lang köcheln. Rühren Sie ab und zu um.

4 Nehmen Sie den Pudding vom Herd. Sammeln Sie die Kardamomkapseln heraus. Rühren Sie die Butter unter.

5 Füllen Sie den Pudding entweder in eine große Schüssel oder in mehrere kleine Schüsseln um. Lassen Sie den Pudding auf Zimmertemperatur abkühlen.

6 Garnieren Sie den Pudding vor dem Servieren mit etwas Zimt.

FALOODEH |

SÜßE REISNUDELN

4 Port.

2,5 Std.

Mittel

Zutaten

600 ml Wasser
200 g Kristallzucker
85 g dünne Reisnudeln
60 ml Zitronensaft
30 ml Rosenwasser

Nährwerte p. P.

282 kcal
68 g Kohlenhydrate
1 g Fett
2 g Eiweiß

1 Füllen Sie das Wasser und den Zucker in einen Topf. Bringen Sie es zum Kochen und reduzieren Sie anschließend die Hitze auf eine mittlere Hitzezufuhr. Lassen Sie es ca. 3 Minuten köcheln.

2 Nehmen Sie den Topf vom Herd und rühren Sie das Rosenwasser und den Zitronensaft unter. Lassen Sie es vollständig abkühlen.

3 Füllen Sie die Mischung in ein gefriergeeignetes verschließbares Gefäß. Stellen Sie es für 45 Minuten in den Gefrierschrank.

4 Bereiten Sie die Reisnudeln nach den Anweisungen auf der Verpackung zu. Legen Sie die Reisnudeln anschließend in kaltes Wasser.

5 Geben Sie die Nudeln in eine Schüssel und schneiden Sie die Nudeln mit einer Schere kleiner.

6 Nehmen Sie das Gefäß aus dem Kühlschrank. Füllen Sie die Nudeln ebenfalls in das Gefäß und verrühren Sie alles gründlich miteinander.

7 Verschließen Sie den Behälter erneut und geben Sie diesen für 1 Stunde in den Gefrierschrank.

8 Rühren Sie die Zutaten noch einmal um und geben Sie das verschlossene Gefäß für eine weitere Stunde in den Gefrierschrank.

9 Nehmen Sie das Gefäß heraus und verteilen Sie die Reisnudeln auf Schüsseln.

BASTANI SONNATI |

SAFRAN-EIS

6 Port.

8,5 Std.

Mittel

Zutaten

480 ml Sahne (kalt)
400 ml gezuckerte Kondensmilch
60 g Pistazien (ungesalzen & gehackt)
15 ml Rosenwasser
3 Eiswürfel
½ TL Kardamom (gemahlen)
½ TL Safranfäden

Nährwerte p. P.

381 kcal
12 g Kohlenhydrate
33 g Fett
9 g Eiweiß

1 Zermahlen Sie die Safranfäden in einem Mörser. Geben Sie den Safran in eine Schüssel und fügen Sie drei Eiswürfel hinzu. Lassen Sie die Eiswürfel bei Raumtemperatur schmelzen. Hinweis: Durch die schmelzenden Eiswürfel fängt der Safran an zu blühen.

2 Vermengen Sie den Safran, das Rosenwasser, Kardamom und die gesüßte Kondensmilch in einer Schüssel miteinander. Stellen Sie die Schüssel beiseite.

3 Geben Sie die Sahne in eine große Schüssel und schlagen Sie diese mit einem Handmixer steif. Heben Sie die Kondensmilch-Mischung und die Pistazien unter die Sahne.

4 Füllen Sie die Mischung in eine gefriergeeignete und verschließbare Kastenform um. Streuen Sie nach Belieben weitere Pistazien auf die Oberfläche und bedecken Sie die Form anschließend mit Alufolie.

5 Stellen Sie die Kastenform für mindestens 8 Stunden in den Gefrierschrank.

Tipp: Lassen Sie das Eis vor dem Servieren 2 - 4 Minuten lang stehen, dadurch wird das Portionieren leichter.

AAB HAVIJ BASTANI |

SAFRAN-EIS MIT MÖHRENSAFT

4 Port. 5 Min. Leicht

Zutaten

400 ml Möhrensaft
60 g Pistazien (ungesalzen & gehackt)
12 Kugeln Safran-Eis (siehe Rezept)

Nährwerte p. P.

221 kcal
19 g Kohlenhydrate
7 g Fett
4 g Eiweiß

1 Geben Sie jeweils drei Kugeln des Safran-Eises in eine Schüssel. Füllen Sie den Becher mit Möhrensaft auf.

2 Streuen Sie die gehackten Pistazien auf das Eis obendrauf.

Tipp: Sie können mit dem Topping variieren, aber die klassische Version ist mit Pistazien. Sie könnten auch Zimt, gehackte Walnüsse oder andere Nusssorten verwenden.

FERENI |
REISPUDDING

8 Port.

4 Std.

Schwer

Zutaten

1,6 l Milch
200 g Kristallzucker
160 ml Wasser
2 EL Reismehl
2 EL Pistazien (ungesalzen & gehackt)

Nährwerte p. P.

319 kcal
42 g Kohlenhydrate
13 g Fett
9 g Eiweiß

1 Erhitzen Sie 480 ml Milch in einer großen Pfanne. Lassen Sie es ca. 5 Minuten bei mittlerer Hitzezufuhr köcheln. Rühren Sie währenddessen mehrmals um.

2 Vermischen Sie das Reismehl mit dem Wasser. Verrühren Sie es so lange, bis keine Klümpchen mehr vorhanden sind.

3 Fügen Sie die Mischung aus Schritt 2 zu der Milch hinzu. Lassen Sie es erneut aufkochen und rühren Sie währenddessen dauerhaft mit einem Rührbesen um. Lassen Sie es ca. 8 Minuten lang aufkochen.

4 Geben Sie nun nach und nach die Milch hinzu. Lassen Sie es weiter aufkochen und fügen Sie erst neue Milch hinzu, wenn die Masse wieder die Konsistenz aus Schritt 3 erreicht hat. Zum Schluss rühren Sie den Kristallzucker unter.

5 Erhöhen Sie die Temperatur und rühren Sie weiter um, damit der Pudding nicht am Boden festklebt. Lassen Sie es weitere 5 Minuten köcheln und rühren Sie dabei weiter um.

6 Ziehen Sie den Topf vom Herd und füllen Sie den Pudding in Servierschüsseln um. Lassen Sie den Pudding abkühlen.

7 Bestreuen Sie die Oberfläche mit Pistazien und bedecken Sie diese mit Alufolie. Stellen Sie den Pudding für 2 - 3 Stunden in den Kühlschrank.

NAN-E BENEJI | REISKEKSE

50 Port.

1,5 Std.

Mittel

Zutaten

320 g Reismehl
230 g Butter
110 g Puderzucker
1 Ei
1 Eigelb
1 EL Rosenwasser
1 TL Backpulver
1 TL Kardamom
¼ TL Salz

Topping:
Mohn, Pistazien, schwarzer Sesam, getrocknete Himbeeren etc.

Nährwerte p. P.

67 kcal
7 g Kohlenhydrate
4 g Fett
0 g Eiweiß

1 Vermengen Sie das Reismehl, Backpulver, Kardamom und Salz in einer mittleren Schüssel miteinander. Rühren Sie die Butter und den Puderzucker mit einer Küchenmaschine zu einer cremigen Masse.

2 Fügen Sie das Rosenwasser, Ei und ein Eigelb zu der Butter-Zucker-Mischung. Rühren Sie erneut mit der Küchenmaschine um, bis eine glatte Masse entstanden ist.

3 Geben Sie erst eine Hälfte der trockenen Zutaten hinzu. Verrühren Sie es gründlich und rühren Sie anschließend die restlichen trockenen Zutaten unter.

4 Hinweis: Der Teig sollte feucht sein, aber dennoch eine feste Konsistenz haben.

5 Drücken Sie den Teig zu einer Scheibe und wickeln Sie den Teig in Folie ein. Lassen Sie den Teig mindestens 4 Stunden lang im Kühlschrank ruhen (am besten länger).

6 Nehmen Sie den Teig, 20 Minuten bevor Sie damit arbeiten wollen, heraus. Lassen Sie den Teig bei Zimmertemperatur ruhen. Heizen Sie den Backofen auf 300 °C Ober-/Unterhitze vor.

7 Geben Sie etwas Reismehl auf die Arbeitsfläche. Legen Sie den Teig darauf und rollen Sie diesen aus. Stechen Sie die Kekse mit einem Ausstecher oder einem Glas aus.

8 Tipp: Bemehlen Sie den Ausstecher/das Glas, damit der Keksteig nicht daran kleben bleibt.

9 Belegen Sie zwei Backbleche mit Backpapier. Legen Sie die Kekse nach dem Ausstechen darauf. Streuen Sie Ihre Auswahl an Toppings darauf.

10 Schieben Sie die Backbleche in den Ofen. Lassen Sie die Kekse insgesamt 8 bis 10 Minuten backen. Drehen Sie die Bleche nach der Hälfte der Zeit um, sodass die vordere Seite nach hinten zeigt. Lassen Sie die Kekse auf dem Backblech vollständig abkühlen.

RANGINAK |

DATTEL-WALNUSS-DESSERT

4 Port.

30 Min.

Leicht

Zutaten

600 g Datteln
300 g Mehl
230 ml Sonnenblumenöl
100 g Walnüsse
80 g Pistazien
30 g Puderzucker
1 ½ TL Zimt
½ TL Kardamom

Nährwerte p. P.

1.489 kcal
167 g Kohlenhydrate
80 g Fett
17 g Eiweiß

1 Rösten Sie die Walnüsse in einer Pfanne ohne Öl für ca. 5 Minuten an. Tipp: Bewegen Sie die Pfanne während des Röstens hin und her, sodass die Walnüsse nicht anbrennen.

2 Entsteinen Sie die Datteln (falls nötig) und befüllen Sie die Datteln mit den Walnüssen. Falls die Walnüsse zu groß sind, können Sie diese zerkleinern.

3 Geben Sie das Mehl in eine beschichtete Pfanne. Rösten Sie es bei einer mittleren Hitzezufuhr 10 - 15 Minuten lang. Das Mehl sollte sich goldgelb verfärben.

4 Geben Sie nach und nach das Sonnenblumenöl hinzu. Verrühren Sie es erst, bevor Sie neues Sonnenblumenöl hinzugeben.

5 Reduzieren Sie die Hitzezufuhr und lassen Sie die Mischung unter ständigem Rühren 5 Minuten anrösten.

6 Stellen Sie den Herd auf die niedrigste Stufe. Fügen Sie den Zimt, Puderzucker und Kardamom hinzu. Verrühren Sie alles zu einer glatten Masse. Nehmen Sie die Pfanne vom Herd.

7 Streichen Sie eine Schicht der Mehl-Mischung auf den Boden eines Serviertellers. Stapeln Sie darauf eng aneinander liegend die Datteln und verteilen Sie darauf die restliche Mehl-Mischung.

8 Streichen Sie die Oberfläche glatt und verteilen Sie darauf die Pistazien. Lassen Sie das Dessert vor dem Verzehr abkühlen.

HALVA |

SAFRAN-DESSERT

 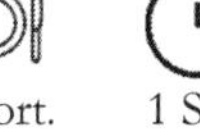 

4 Port. | 1 Std. 15 Min. | Mittel

Zutaten

360 ml Wasser
200 g Zucker
120 g Mehl
80 ml Olivenöl
2 Eiswürfel
6 EL Butter
2 EL Rosenwasser
¼ TL Safran

Toppings:
Kokosraspeln, Pistazien, Mandelsplitter

Nährwerte p. P.

596 kcal
73 g Kohlenhydrate
33 g Fett
2 g Eiweiß

1 Geben Sie den Safran in ein Glas und legen Sie darauf die Eiswürfel. Lassen Sie die Eiswürfel bei Zimmertemperatur vollständig schmelzen.

2 Schütten Sie das Wasser und den Zucker in einen Topf. Lassen Sie es aufkochen und anschließend bei einer mittleren Hitzezufuhr 15 Minuten lang köcheln.

3 Geben Sie den Safran und das Rosenwasser hinzu. Lassen Sie es 5 weitere Minuten köcheln und stellen Sie anschließend den Herd aus. Ziehen Sie den Topf vom Herd.

4 Erhitzen Sie eine Pfanne. Sobald die Pfanne heiß ist, geben Sie das Mehl hinein und reduzieren Sie die Hitzezufuhr. Rösten Sie das Mehl 20 - 25 Minuten an, bis es nussig riecht.

5 Fügen Sie das Olivenöl und die Butter hinzu. Lassen Sie es weitere 15 Minuten rösten. Rühren Sie währenddessen mehrmals um, damit keine Klümpchen entstehen.

6 Gießen Sie nach und nach den angerührten Zuckersirup aus Schritt 3 zu der Mehl-Mischung. Rühren Sie währenddessen gut um.

7 Hinweis: Sobald der Sirup nahezu vollständig darin ist, wird das Halva an dem Löffel kleben. Bewegen Sie die Pfanne, um es weiter umzurühren und zu verhindern, dass das Halva anbrennt.

8 Geben Sie das Halva auf einen Teller. Garnieren Sie das Halva mit den ausgewählten Toppings.

Getränke

PERSISCHER TEE

1 Port.

10 Min.

Leicht

Zutaten

220 ml Wasser
1 EL Ceylon-Tee
2 Kardamomkapseln

Nährwerte p. P.

7 kcal
1 g Kohlenhydrate
0 g Fett
0 g Eiweiß

1 Bringen Sie das Wasser in einem Wasserkocher zum Kochen. Öffnen Sie die Kardamomkapseln.

2 Gießen Sie das Wasser in eine Tasse und fügen Sie den Ceylon-Tee und die Kardamomkapseln hinzu. Lassen Sie den Tee 5 Minuten lang ziehen.

3 Gießen Sie den Tee durch ein feines Sieb. Fangen Sie den Tee auf und füllen Sie diesen wieder in die Tasse.

Hinweis: Sie können als zusätzliche Aromen etwas Rosenwasser oder Minze hinzugeben.

SHARBAT-EH RIVAS |

RHABARBER-SIRUP

 1 Port.  50 Min.   Mittel

Zutaten

900 g Rhabarber
720 ml Wasser
600 g Zucker

Nährwerte p. P.

252 kcal
61 g Kohlenhydrate
0 g Fett
1 g Eiweiß

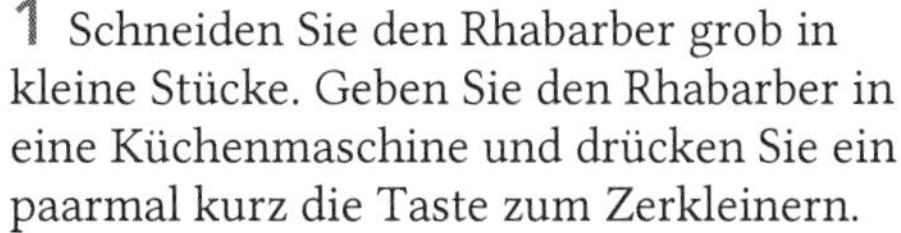

1 Schneiden Sie den Rhabarber grob in kleine Stücke. Geben Sie den Rhabarber in eine Küchenmaschine und drücken Sie ein paarmal kurz die Taste zum Zerkleinern.

2 Hinweis: Der Rhabarber soll nicht komplett klein sein, sondern lediglich ein bisschen zerkleinert werden.

3 Geben Sie das Wasser, den Zucker und den Rhabarber in einen Topf. Bringen Sie es zum Kochen.

4 Reduzieren Sie auf eine niedrige Hitzezufuhr und lassen Sie es 20 Minuten köcheln.

5 Seihen Sie die Mischung durch ein feines Sieb ab. Fangen Sie die Flüssigkeit auf. Pressen Sie mit einem Löffel oder einer Gabel die Stückchen gegen das Sieb, um die gesamte Flüssigkeit herauszubekommen.

6 Spülen Sie den Topf mit Wasser ab. Schütten Sie die abgeseihte Flüssigkeit wieder in den Topf. Bringen Sie es erneut zum Kochen.

7 Reduzieren Sie auf eine mittlere Hitzezufuhr und lassen Sie es 10 Minuten lang köcheln. Schöpfen Sie entstehenden Schaum ab.

8 Füllen Sie den Sirup in eine sterile verschließbare Flasche um. Lassen Sie den Sirup gekühlt mehrere Tage ruhen.

Tipp: Füllen Sie das Glas zu ¼ mit dem Sirup und zu ¾ mit Wasser und fügen Sie ein paar Eiswürfel hinzu. Je nach gewünschter Süße können Sie mit der Menge an Sirup variieren.

DOOGH |

JOGHURT-GETRÄNK

4 Port.

10 Min.

Leicht

Zutaten

480 ml Naturjoghurt
480 ml Limonade
25 g Minze
1 EL Rosenblätter (getrocknet)
1 EL Minzblätter
1 TL Salz

Nährwerte p. P.

105 kcal
15 g Kohlenhydrate
3 g Fett
5 g Eiweiß

1 Geben Sie die Rosenblätter, den Naturjoghurt, die Minze und das Salz in einen Mixer. Mixen Sie die Zutaten, bis alles fein püriert ist.

2 Stellen Sie die Limonade bereit und gießen Sie dort die Joghurt-Mischung hinein. Vermischen Sie die Zutaten gründlich mit einem Löffel.

3 Gießen Sie den Joghurt-Drink in ein verschließbares Gefäß und lassen Sie es vor dem Verzehr im Kühlschrank ruhen.

4 Garnieren Sie Doogh mit Minz- und Rosenblättern.

PALOUDEH |

CANTALOUPE-SMOOTHIE

4 Port.

20 Min.

Mittel

Zutaten

500 g Cantaloupe-Melone (gerieben & gekühlt)
240 ml Wasser
200 g Zucker
60 ml Rosenwasser
8 Eiswürfel
Etwas Minzblätter

Nährwerte p. P.

232 kcal
57 g Kohlenhydrate
0 g Fett
1 g Eiweiß

1 Geben Sie das Wasser und den Zucker in einen Topf. Bringen Sie es zum Kochen. Reduzieren Sie die Hitzezufuhr und lassen Sie es 10 Minuten lang köcheln.

2 Rühren Sie das Rosenwasser unter und nehmen Sie den Topf vom Herd.

3 Füllen Sie den Rosensirup in eine sterile verschließbare Flasche (oder ein Glas) und bewahren Sie es im Kühlschrank auf.

4 Vermischen Sie in einer Schüssel die geriebene Melone mit 120 ml des angemischten Rosensirups.

5 Verteilen Sie die Eiswürfel auf die Gläser und schütten Sie den Smoothie hinzu. Garnieren Sie die Gläser mit der Minze.

SHARBAT-E TOKHME SHARBATI |

CHIASAMEN-GETRÄNK

4 Port.

10 Min.

Leicht

Zutaten

960 ml Wasser
50 g Zucker
30 ml Rosenwasser
6 EL Chiasamen
2 EL Zitronensaft

Nährwerte p. P.

115 kcal
14 g Kohlenhydrate
5 g Fett
3 g Eiweiß

1 Lösen Sie den Zucker in 240 ml warmem Wasser auf. Rühren Sie so lange, bis der Zucker sich vollständig aufgelöst hat.

2 Vermischen Sie das restliche Wasser, den aufgelösten Zucker und die Chiasamen miteinander. Lagern Sie die Mischung mindestens 2 Stunden im Kühlschrank, sodass die Chiasamen aufquellen können.

3 Rühren Sie vor dem Servieren den Zitronensaft und das Rosenwasser unter. Servieren Sie das Getränk kalt.

MAJOON |

DATTEL-BANANEN-SHAKE

4 Port.

20 Min.

Leicht

Zutaten

500 ml Sahne
12 Datteln
1 Banane (reif)
4 EL Walnüsse
4 EL Pistazien
2 EL Mandeln
2 EL Cashewkerne

Topping:
Pistazien, Cashewkerne, Walnüsse, Mandeln, Dattelsirup

Nährwerte p. P.

1.116 kcal
96 g Kohlenhydrate
72 g Fett
18 g Eiweiß

1 Schälen Sie die Banane und schneiden Sie diese in grobe Stücke.

2 Legen Sie die Datteln für 10 Minuten in heißes Wasser. Schälen Sie die Datteln und entfernen Sie den Kern.

3 Geben Sie alle Zutaten (außer den Toppings) in einen Mixer. Mixen Sie die Zutaten, bis eine cremige Masse entstanden ist.

4 Füllen Sie den Shake in Gläser um und garnieren Sie den Drink mit dem Sirup und den anderen Toppings.